STUDIEN

ZUR

GESCHICHTE PADUAS UND VERONAS

IM DREIZEHNTEN JAHRHUNDERT

VON

WALTER LENEL.

STRASSBURG
VERLAG VON KARL J. TRÜBNER
1893

Druck. d. „Strassb. Neuesten Nachrichten". vorm. H. L. Kayser

VORWORT.

Vorliegende Schrift enthält an erster Stelle eine quellenkritische Untersuchung, die sich mit der Paduaner Geschichtschreibung des dreizehnten Jahrhunderts befasst. Zunächst wird der einstige Bestand verlorener Aufzeichnungen nachgewiesen. Hieran schliessen sich Erörterungen über deren Umfang, Inhalt und Wert, die politische Färbung, die ihnen eigen war, und die Bedeutung, die sie für die Kritik der von ihnen abhängigen Schriftsteller haben. Ergebnisse dieser Untersuchung wendet dann die zweite Abhandlung auf die politische Geschichte an; mit Rücksicht darauf ist sie hier mit der vorangehenden verbunden. Sie schildert die politische Tätigkeit Ezzelins von Romano bis zu dem Augenblick, wo er Verona zuerst in die Hand Friedrichs II. brachte. Von den letzten Darstellungen dieses Gegenstands weicht sie in allen wichtigeren Beziehungen ab. Auf handschriftliche Forschungen musste leider verzichtet werden.

Seinem verehrten Lehrer, Herrn Professor Bresslau, ist der Verfasser für gütige Unterstützung zu herzlichstem Dank verpflichtet.

Strassburg, im Juli 1893.

INHALT.

VERZEICHNIS DER GEBRAUCHTEN ABKÜRZUNGEN.

AdG. = Archiv der Gesellschaft für ältere deutsche Geschichtskunde.

Ann. S. Just. = Annales S. Justinae Patavini Mon. Germ. SS. XIX.

Ann. Plac. = Annales Placentini Mon. Germ. SS. XVIII.

Ann. Ver. = Annales Veronenses Mon. Germ. SS. XIX.

Ann. Ver. vet. = Annales Veronenses veteres Archivio Veneto vol. IX.

Arch. Ven. = Archivio Veneto.

B-F = Böhmer-Ficker, Regesta Imperii V 1. 2. 1198—1272 ed. J. Ficker, Innsbruck 1881. 1882.

Chron. Pat. = Chronicon Patavinum, Muratori, Antiquitates Italicae IV.

Ficker, Ital. Forsch. = J. Ficker, Forschungen zur Reichs- und Rechtsgeschichte Italiens, 1868—1874, 4 Bde.

Gitterman = J. M. Gitterman, Ezzelin von Romano I. Teil. Die Gründung der Signorie (1194—1244), Stuttgart 1890.

Ger. Maur. = Gerardi Maurisii historia de rebus gestis Eccelini de Romano Muratori. R. I. S. VIII.

NA. = Neues Archiv der Gesellschaft für ältere deutsche Geschichtskunde.

Rol. = Rolandini Patavini Chronica facta Mon. Germ. SS. XIX.

Schürmann = F. Schürmann, Die Politik Ezzelins III. von Romano bis zu seinem Anschluss an Friedrich II. Düren, Programm 1886.

Sutter = C. Sutter, Johann von Vicenza und die italienische Friedensbewegung im Jahre 1233, Freiburg i B. 1891.

Syllabus = Syllabus Potestatum Veron. Antiche Cronache Veronesi, Venezia 1890 I.

Winkelmann, Jahrb. Philipps, Ottos = E. Winkelmann, Jahrbücher der deutschen Geschichte, Philipp von Schwaben und Otto IV. von Braunschweig. Leipzig 1873. 1878. 2 Bde.

Winkelmann, Jahrb. Friedr. II, I = E. Winkelmann, Jahrb. der d. Gesch. Kaiser Friedrich II. Leipzig 1889, I. 1218—1228.

Zagata = Pier Zagata Cronica della città di Verona ed. G. B. Biancolini. Verona 1745.

ZUR KRITIK DER GESCHICHTSCHREIBUNG PADUAS

IM DREIZEHNTEN JAHRHUNDERT.

Die Paduaner Geschichtsquellen des dreizehnten Jahrhunderts sind nur zum Teil erhalten. Wir besitzen noch die Chronik des Notars Rolandin und die Annalen des Klosters S. Justina[1]). Die Chronik ist im Jahre 1260 begonnen und vor dem 13. April 1262 vollendet; denn an diesem Tage wurde sie bereits vom Verfasser öffentlich vorgetragen[2]). Im Prolog führt er Aufzeichnungen seines Vaters an, die er dreiundzwanzig Jahre alt, er ist im Jahre 1200 geboren, empfangen, fortgesetzt, und endlich seiner Chronik zu Grunde gelegt haben will[3]). Die Annalen umfassen die Jahre 1207—1270 und sind vermutlich unmittelbar danach abgeschlossen, da die wohl 1271 erfolgte Ermordung des Abtes nicht verzeichnet wird[4]).

Eine dritte Quelle ist verschollen, und nur eine spätere Nachricht gibt von ihrem Dasein Kunde. Wir erfahren, dass der Podestà des Jahres 1271 eine Chronik bei sich getragen habe *de om-*

---

[1]) Rolandini Patavini chronica facta (ca. 1200—1260) ed. Jaffé, Mon. Germ. SS. XIX 32—147; Annales S. Justinae Patavini (1207—1270) ed. Jaffé, Mon. Germ. SS. XIX 148—193.

[2]) Rol. lib. XII cp. 13 p. 147.

[3]) Prologus p. 38. Ich komme auf diese Angabe zurück.

[4]) Die Nachricht von diesem Vorfall findet sich in den Vicentiner Annalen des Nic. Smereglius (ed. Mur. R. I. S. VIII). Ich benutze die Ausgabe Lampertico's nach einer vollständigeren

nibus scripturis negotiorum factorum in marchia Tarvisina ab annis XCVII huc usque[1]). Sie reichte folglich anscheinend so weit wie die Annalen von S. Justina, unterschied sich von ihnen jedoch durch den zeitlichen Umfang, da sie bereits mit dem durch einen grossen Brand für Padua bedeutungsvollen Jahre 1174 begann, und dem Inhalte nach; denn der Annalist betrachtet als Gegenstand der Erzählung *quedam facta in partibus marchie vel Lumbardie seu etiam extra fines Italie*[2]).

Von einem weiteren ungleich wichtigeren Verlust meldet kein ausdrückliches Zeugnis; ihn aus den hinterlassenen Spuren nachzuweisen, ist die Aufgabe der folgenden Untersuchung. Diese Spuren aber bestehen in Uebereinstimmungen einiger Quellen, die unverkennbar auf eine gemeinsame, nicht mehr vorhandene Grundlage zurückweisen. Insbesondere gehören hierher Rolandins Chronik, die Annalen von S. Justina

---

Handschrift der Bertoliana in Vicenza: Scritti storici e letterarii 1883 vol. II 270 ff.: die betreffende Stelle p. 288 allerdings zum Jahre 1269. Aber die Chronologie des Smereglius ist fehlerhaft. Einen Zusammenstoss der Veroneser und Vicentiner setzt er ins Jahr 1267, während er nach den übereinstimmenden Angaben mehrerer Veroneser und Paduaner Quellen im Jahre 1269 erfolgte. Federigo Cavodelista, zu dessen Podestat Smereglius die Nachricht von der Ermordung des Abtes bringt, ist erst im Jahre 1271 urkundlich in diesem Amte nachweisbar, vgl. Lampertico, I Podestà di Vicenza, loc. cit. II 368. Demnach wird auch die Ermordung ins Jahr 1271 gehören.

[1]) Pad. Podestàverzeichnis, Muratori R. I. S. VIII 379 C = Chron. Patav. Muratori Antiq. Ital. IV 1146 B.

[2]) Ann. S. Just. 149.

und ein von Muratori so genanntes Chronicon Patavinum[1]).

Was zunächst das Verhältnis zwischen Rolandin und dem Annalisten anlangt, so ist gelegentlich bemerkt worden, der Annalist benutze bereits Rolandins Chronik, vermeide jedoch geflissentlich den wörtlichen Anklang, was ihm

[1]) Auf eine ganze Gattung von weitern Ableitungen kann oben nicht näher eingegangen werden, da bisher nur ein geringer Bruchteil davon und auch der nur in einer für unsre Zwecke unzulänglichen Weise herausgegeben ist: es sind Aufzeichnungen geschichtlichen Inhalts, wie sie im Anhang zu ältern Ausgaben Rolandins und der Annalen namentlich von Muratori R. I. S. VIII 365—466; 735—740 veröffentlicht worden sind, meist in Paduaner Podestàlisten. — Das Chron. Pat. ed. Muratori Ant. Ital. IV 1115—1168 ex ms. cod. bibl. Est. mit dem Eingang: Incipit liber omnium regiminum civitatis Paduae et etiam aliquorum aliorum factorum tam in Padua quam in aliquibus aliis partibus. Die narratio vom Raube der Speronella, die in der Estenser Handschrift dem liber vorhergeht, steht mit ihm in keinem nähern Zusammenhang. Sie kommt ohne ihn vor in einer Hs. der Marciana Hist. prof. n. 34 sec. 15. AdG. XII 641. Eine neue Ausgabe des liber regiminum für die Mon. Germ. wird von Simonsfeld vorbereitet. Vgl. seinen Bericht NA. XV 482 f. über eine vollständigere Hs. der Marciana Cl. X lat. nr. 69 membr. sec. 14 ex. oder 15 in. Eine weitere Hs. in der Capitularbibliothek zu Treviso. AdG. XII 671. — In der Mailänder Dandolo Hs. des Pinelli (vgl. Simonsfeld, Andreas Dandolo und seine Geschichtswerke 1876 p. 26) sind anscheinend Bruchstücke aus einer Hs. des liber regiminum eingeschoben, z. B. die Nachricht vom Brande Paduas 1174 vgl. Muratori. R. I. S. XII 300 D. — Ueber die Benutzung einer verlorenen Quelle in dem liber regim. auf Grund seiner Uebereinstimmung mit dem sog. Chron. Jordani des Paulus Minorita vgl. Fahrenbruch, zur Geschichte Manfreds 1880 p. 12 ff. Nach Ficker (NA. VI 462, B—F nr. 4670 a, 4774 b) wäre ihre gemeinsame im Auszug wiedergegebene Quelle die Chronica Pontificum et Imperatorum Mantuana Mon. Germ. SS. XXIV 216. Doch scheint mir diese Mantuaner Chronik nur eine weitere Ableitung der verlorenen Quelle zu sein. Auch Salimbene hat sie wohl benutzt.

freilich nicht durchweg gelungen sei[1]). In der Tat finden sich Uebereinstimmungen, aber nicht von der Art, dass daraus mit Sicherheit auf die unmittelbare Abhängigkeit des Annalisten geschlossen werden könnte[2]).

Auffallend, vielfach wortgetreu wiederholen sich dagegen Angaben sowohl Rolandins wie des Annalisten bei dem unbekannten Verfasser des über die Jahre 1174—1399 sich erstreckenden Chronicon Patavinum. Man hat hier angenommen, dass der Anonymus den beiden ältern Schriftstellern folge, um so eher, als sie die unmittelbar zeitgenössische Geschichtschreibung darstellen[3]). Allein er bietet nicht nur schon für das ausgehende zwölfte Jahrhundert und besonders für das dreizehnte eine Reihe ihm eigen-

[1]) Jaffé im Vorwort zur Ausgabe der Annalen p. 148.

[2]) Zum Teil rühren sie vielmehr, wie sich zeigen wird, von gemeinsamen Entlehnungen beider aus den verlorenen Aufzeichnungen her, so auch die Congruenz zum Jahr 1224, die von Jaffé am angegebenen Orte mit Unrecht als Beleg für die Benutzung Rolandins durch den Annalisten angeführt wird. Rolandin hat sich gerade hier in der Wiedergabe der gemeinschaftlichen Quelle nachweisbar mehrere Irrtümer zu Schulden kommen lassen, während bei dem Annalisten der inhaltlich getreue Auszug vorliegt; vgl. unten S. 42 n. 2. Dagegen lässt es sich wohl nicht mehr entscheiden, worauf die seltenen Uebereinstimmungen beider Schriftsteller in den Jahren 1256—1259 beruhen. (Z. B. Rol. lib. IX cp. 6 p. 114 lin. 26 ff. und Annalen p. 167 lin. 30 ff.; und ganz besonders Rol. lib. XI cp. 8 p. 130 lin. 45 ff. und Annalen p. 171 lin. 19 ff.) Benutzung des von Karl von Anjou nach der Schlacht von Alba an die Gemeinde Padua gerichteten Briefes durch den Annalisten, der hier seine Quelle andeutet, ist nachgewiesen von Busson, Deutsche Zeitschrift für Geschichtswissenschaft 1890 IV 275.

[3]) B—F 2197 a; Sutter, Johann von Vicenza p. 183.

tümlicher Nachrichten, sondern auch bei sonstiger Uebereinstimmung mit Rolandin und dem Annalisten zuweilen eine Zahl, ein Datum, einen Namen mehr. Woher kamen ihm diese Einzelheiten zu? Schwerlich aus einer dritten Quelle *neben* Rolandin und dem Annalisten. Ihre innere Zusammengehörigkeit mit dem Context und das übliche Verfahren mittelalterlicher Autoren spricht entschieden dagegen. Dann aber bleibt nur der Schluss übrig, der Anonymus schöpfe nicht aus Rolandin und dem Annalisten, sondern mit ihnen aus gleicher Quelle. Noch ein andrer Umstand deutet darauf. Rolandin und der Anonymus brauchen wiederholt für den gleichen Begriff einen verschiedenen Ausdruck, wie sie denn überhaupt in sprachlicher Beziehung von einander abweichen, wogegen der Anonymus und der Annalist meist auch in wörtlicher Uebereinstimmung stehen. Weshalb sollte der Anonymus bei dem Annalisten auch den Wortlaut, bei Rolandin dagegen nur den sachlichen Gehalt wiedergegeben haben? Der Gegensatz beruht vielmehr darauf, dass Annalist und Anonymus sich strenger an die gemeinschaftliche Vorlage halten, während Rolandin sie frei verarbeitet hat.

Einige Beispiele[1]. Rolandin und der Anonymus führen die bei der Aufnahme des Patriarchen von

---

[1]) In den folgenden Quellenstellen sind die dem Anonymus eigentümlichen Angaben durch Cursivdruck hervorgehoben, ausserdem da, wo die Berichte der drei Schriftsteller neben

Aquileja ins Paduaner Bürgerrecht vereinbarten Bedingungen gleich unvollständig an. Ein Blick in die noch vorhandene Vertragsurkunde erweist dies[1]). Nur fehlt bei Rolandin auch die Zahl der von dem Patriarchen vertragsgemäss zu erbauenden Paläste, die der Anonymus richtig auf zwölf beziffert. Und doch wird niemand annehmen, dass er sie aus der Urkunde oder anderswoher herübergeholt habe in den nichts weniger als wortgetreu recipierten Text Rolandins.

Rol. lib. II cp. 1 p. 47.

... et domnus patriarcha est amicatus cum Paduanis et factus est Paduanus civis, et in citadancie firmitatem et signum fecit de sua camera quedam in Padua hedificari palatia magna et

---

einander stehen, die Uebereinstimmungen zwischen Anonymus und Rolandin durch gesperrten Druck, die zwischen dem Anonymus und dem Annalisten durch Unterstreichung.

[1]) Vgl. Dondi, Ist. Eccl. di Padova VII 26 und Muratori, Antiq. Ital. IV 179 f. Da die Urkunde das Datum 1221 indictione 9 die 11 intrante Septembre trägt, so hat Winkelmann, Jahrb. Friedr. II. I 89 n. 2, 174 n. 6 gemeint, Rolandin, der die Cittadinancia des Patriarchen zum Jahre 1220 setzt, erzähle davon an zu früher Stelle. Vielleicht aber fällt, wenn auch nicht der Abschluss, so doch der Entwurf des Vertrags in jenes Jahr. Denn eine der Bestimmungen lautet, der Patriarch müsse Padua jährlich mit fünfzig Rittern auf drei Monate dienen gegen Jedermann: excepto Domino Papa et Rege. Bekanntlich aber wurde Friedrich am 22. November 1220 zum Kaiser gekrönt. Sodann ist die Urkunde ausgestellt: coram Domino Bernardo Barone de Sancto Miniato Potestate Padue. Das Amtsjahr des Paduaner Podestà lief aber damals (vgl. u. a. die Urkunde 179 B) vom 29. Juni ab und 1220/21 war es eben jener Bernardus Baro (Rol., Anonymus, Pad. Podestàlisten). Sollte er zwei und einen halben Monat über die übliche Frist im Amte geblieben sein?

pulcra valde, et voluit et se poni fecit cum aliis civibus Paduanis in coltam sive dachyam. Tunc quoque incepit et adhuc mittit hodie omni anno de suis melioribus militibus 12, qui iurant in principio potestarie cuius libet precepta et sequencia potestatis pro dompno patriarcha et suis. Quod videns Feltrensis et Belunensis episcopus, fecit et ipse similiter, non tamen in quantitate eadem, set quasi pro rata sui episcopatus et prelature. Ergo quoniam Tarvisini terras quasdam dompni patriarche tunc hostiliter invaserunt, Paduanus exercitus ivit ad Castrum-Francum . . .

Chron. Pat. p. 1129 B.

Et Dominus Bertoldus Aquilegiensis Patriarcha factus fuit civis Paduanus, et ideo fecit aedificari palatia *XII* in Padua et quod annuatim mittere debuit XII milites de majoribus et nobilioribus suarum terrarum Paduam, ad iurandum sequitum potestatis Paduae, et sustinere cuncta onera et factiones cum Civitate Paduaė, quem admodum alii Cives Paduae debent sustinere. Et illud idem pro rata et eodem modo fecit Dominus Episcopus Feltrensis et Bellunensis. Et quia Tervixini iverant cum exercitu contra Patriarcham, Paduani iverunt et obsiderunt Castrum Francum . . .

Die Ankunft Friedrichs II. in Venedig bestimmt der Annalist allgemein durch den März, der Anonymus, sonst in wörtlichem Einklang mit ihm, genau durch den elften März[1]).

Ann. S. Just. p. 154.

Anno Domini 1232 Federicus imperator in mense Martii, dum de Apulia vellet in Ystriam navigare, impulsus vi ventorum venit Venetias, et inde in Forum Julii transmeavit; . . .

Chron. Pat. p. 1131 E.

a. 1232. Eo tempore Fredericus imperator *die XI* Martii volens de Apulia in Istriam navigare, vi ventorum venit Venetias, et inde transivit in Forum Julii; . . .

Ueber die Ermordung Heinrichs von Egna, des Schwestersohnes Ezzelins, haben Annalist und

---

[1]) Der Tag der Ankunft ist nur durch den Anonymus überliefert, so dass seine Angabe eine Lücke im Itinerar des Kaisers ausfüllt. Zwar kam Friedrich weder auf der Fahrt von Apulien nach Istrien, noch vom Sturme gezwungen nach Venedig, sondern nach einem Aufenthalt von starken drei Monaten von Ravenna, wo er am siebenten März aufbrach, unzweifelhaft in der Absicht, die Stadt San Marcos für sich zu gewinnen. In Loreo, östlich von Adria am Po, verhandelte er zuvor mit venetianischen Gesandten wegen des Besuchs. Diese gestatten ihn «conscilio comunicato», worauf der Kaiser vier bis fünf Tage in Venedig verweilt. Zu dieser Erzählung Codagnellos (vergl. Ann. Plac. Guelfi, Mon. Germ. SS. XVIII 453 f.; Holder-Egger, N.A. 16, 251 ff.) stimmt es sehr gut, dass Friedrich am elften März eintraf. Zugleich erledigt die Angabe des Anonymus die in Unkenntnis derselben bei B-F nr. 1946c wegen des kaiserlichen Itinerars geäusserten Bedenken. Dass die Venetianer dem Kaiser «erst nach längeren Verhandlungen» die Erlaubnis zum Besuche erteilten (Baer, Beziehungen Venedigs zum Kaiserreiche in der staufischen Zeit, 1888 p. 90 ff.), ist nirgends überliefert; Codagnello jedenfalls sagt es nicht.

Anonymus einen sich fast aufs Wort gleichenden Bericht. Der einzige sachliche Unterschied ist, dass der Annalist den Mörder sich eines Schwertes bedienen lässt, während er dem Anonymus zufolge dreimal mit einem Messer zustiess. Diese Angabe des Anonymus wird von Rolandin in seiner breiter ausgeführten Darstellung des Hergangs bestätigt. Durch den Anonymus allein erfahren wir, dass der Befehl, den Mörder auf der Stelle niederzumachen, von dem Grafen Schinelli ausging[1]).

Rol. lib. V cp. 20 p. 84.

Sequente anno Domini 1247 erat Henricus de Igna, nepos Ecelini de Romano potestas in Verona. Qui sedens in sala palacii, iussit ad se venire quendam quem habebat in carcere qui vocabatur Johannes de Scanarola, de populo Veronensi; ad quem ipse potestas vultu irato dixit, quod ipse Johannes incontinenti panderet coniuracionem quandam, quam ipse potestas contra se factam esse dicebat. Cui cum ipse Johannes responsum daret, primo volebat et petebat instanter, quod ipse potestas parceret ei vitam et postmodum panderet quidquid sciret.

---

[1]) Vgl. über diesen Vorfall (12 II 1247) Pier Zagata, Cronica di Verona p. 41; dazu Arch. Veneto XVII 194. Graf Schinelli ist auch sonst bekannt. Rol. lib. VII cp. 5 nennt ihn einen miles prudens et animosus . . . quem Ecelinus cum multis aliis militibus in Verona . . . pro sui securitate tenebat. 1253 errettet er Ezzelin aus Todesgefahr.

Hoc autem cum potestas facere recusaret, videns ipse Johannes nichil proficere, quamvis super sua foret peticione diucius inmoratus, tamen vinculis ferreis compeditus paulatim cultellum arripuit, quem portaverat in sarcoto sive warnacia inter pannum et pellicium suum, et repente quasi more fulmineo in tyrannum exultans, fixit capud eius in tribus locis ictibus animosis. Mortuus et truncatus est protinus vir prudens et animosus Johannes a satellitibus potestatis. Tyrannus autem vixit in penis suis circa dies 14 et non ultra. Et fuit hoc mense Februarii predicti anni.

Chron. Pat. p. 1137 D. E.

a. 1247. Eo tempore mense Februarii Johannes de Stavarola (!) captus pro proditione Veronae et ductus ante tribunal Domini Henrici de Hygna potestatis Veronae, filii sororis Ezelini, et audiens sub ipso Henrico, quod impossibile erat ipsum evadere, statim latenter accepit cultellum et subito percussit ter in caput dicti Henrici, qui obiit circa dies XIII post praedictas percussiones. Satellites statim dictum Johannem occiderunt *de mandato Jacobini Comitis de Schinellis.*

Ann. S. Just. p. 160.

Anno Domini 1247 in mense Februario factum magne audacie accidit in Verona. Nam cum Henricus de Egna, filius sororis nequissimi Ecelini, gereret predicte regimen civitatis, quidam miles Veronensis, nomine Johannes de Scanarola, accusatus de proditione, ante tribunal eius vinctus compedibus assistebat cui cum Henricus diceret, Johannes scias esse impossibile quod evadas, ille gladium de caliga latenter educens, irruit in eum, ipsumque in capite graviter vulneravit, ita quod vix diebus 15 supervixit. Tunc satellites potestatis ipsum protinus occiderunt. O mira stupendaque audacia et ore omnium divulganda. Quis enim non potest merito admirari . . .

Weiterhin hat er die auf den Abfall Parmas von Friedrich II. bezüglichen Angaben zum Teil mit Rolandin, zum Teil mit dem Annalisten gemeinsam, mit bezeichnenden Abweichungen jedoch in Einzelheiten.

Rol. lib. V cp. 21 p. 85.

Adhuc in eodem anno die 15 exeunte Junio civitas Parme per exercitum dompni Bernardi Rubei, expulsi propter partem ecclesie quam fovebat, spreta parte imperatoris, ad partem ecclesie est conversa. Quod cum Imperator existens Cremone (!) audisset, indignatus et furore commotus, movit quantamcunque gentem movere potuit de Lonbardia, de Alemania, de Apulia, de Marchia Tarvisina, et hostiliter ivit ad civitatem ipsam obsidendam et destruendam pro posse. Ad quem exercitum dum Ecelinus de Romano iret, ducens secum de militibus

Paduanis, Vicentinis et Veronensibus magnam partem, marchio Estensis et Mantuani fecerunt insultum in Ecelinum et eius miliciam in villa Gazalti, et dederunt dampnum quibusdam militibus et maximo Veronensibus, qui ultimo equitabant; et fuit die VI exeunte eodem mense Junii. Non propterea tamen stetit Ecelinus, set ivit ad imperatorem cum milicia sua. Imperatore igitur obsidente Parmam, cum Ecelinus haberet predictos milites secum, habito consilio cum imperatore, cepit Bersellum et Wastallam et ibi stetit, ut scilicet impediret, ne Lonbardi milites possent Parmensibus ulla dare victualia vel succursum. Erant enim illic prope in favorem Parmensium dompnus Gregorius apostolice sedis legatus, marchio Estensis, dompnus Ricardus Comes Sancti Bonifacii cum Mantuanis, Biaquinus de Camino, Albricus de Romano frater Ecelini, de quo credebatur a multis, quod in hiis et aliis factis ecclesie fraudulenter et dolose incederet. Erant illic eciam alii potentes ..... qui contra imperatorem partem ecclesie confovebant. Dum itaque imperator in obsidione moraretur diucius, tractatum habuit cum Ecelino aliisque sapientibus et baronibus suis. Et in contrarium civitatis quodammodo ante portas aliam civitatem construxit, quam nomine Victoriam appellavit. Et quia scivit, quod antiqui magnates respiciebant ascendens, cum volebant condere civitates ....

Chron. Pat. p. 1137 f.

a. 1247. Et Imperator de mense Maji veniens de Apulia in Lombardiam cum maximo apparatu ivit versus Taurinum, et rex Hentius eius filius naturalis cum exercitu Cremonensium obsedit Quintianam castrum Brixiae, et *quodam die dominico circa medium Junii* interfecto *Vicario Imperatoris*, Parma rediit ad partem ecclesiae per exercitum Bernardi Rubei de Parma *compatris Imperatoris*. In favore autem Parmensium erat Gregorius de Montelongo Apostolicae sedis legatus, marchio Estensis, Comes Sancti Bonifacii cum Mantuanis, Biachinus de Camino et Albricus de Romano. Et Imperator cum esset Cremonae, cum exercitu obsedit Parmam et die VI exeunte Junio, Ezelino eunte in servitio Imperatoris *cum quingentis militibus* in villa Gazolti Marchio de Est cum Mantuanis obviavit, *sed nihil ei nocuit;* immo Ezelinus ivit et cepit Brisellum et Guastallam; postmodum (!) accessit ad Imperatorem et ibidem stetit, donec placuit Imperatori. *Et de mense Julii cum Rege Hentio filio naturali Imperatoris cum quingentis militibus Ezelinus ivit Regium, et vicit comitem Veronae et Parmenses existentes ibidem cum MD militibus.* Et imperator aliam civitatem nomine Victoriam in contrarium Parmae ante portas civitatis aedificavit.

Ann. S. Just. p. 160.

Eodem anno in mense Madii venit Federicus de Apulia in Lombardiam cum maximo apparatu, et pro quibusdam negociis per agendis et disponendis perrexit versus Taurinum. Ubi dum moram faceret bellicosus Encius eius filius naturalis cum exercitu Cremonensium ivit ad obsidendum quoddam castrum Brixie, nomine Quincianum. Tunc habita oportunitate, consanguinei pape Innocentii et amici eorum, qui fuerant de Parma expulsi et Placentie residebant, subito congregati in manu forti Parmam de assensu populi in medio Junii intraverunt, et potestate occiso partem Federici inde protinus expulerunt. In quorum auxilium domnus Gregorius de Montelongo sedis apostolice legatus cum Mediolanensibus et Placentinis et comes Sancti Bonifacii cum Mantuanis Parmam velocissime intraverunt, ipsamque velociter munientes, ad defensionem se fortiter paraverunt. Quo audito, Federicus cum exercitu infinito et cum Ecelino, qui perrexerat in eius auxilium, festinanter cum militia marchiana venit et castrametatus est iuxta Parmam faciensque ibi civitatem, quam Victoriam appellavit, statuit firmiter se inde nullo modo discessurum, nisi Parmensem caperet civitatem. Federico igitur impugnante et . . . .

Den Abfall selbst setzt er auf einen Sonntag um die Mitte des Juni, d. h. auf den sechzehnten;

eben dieses Datum nennt auch Rolandin, aber ohne Angabe des Wochentags, und der Rechnung nach ausgehendem Monate sich bedienend. Der Annalist bezeichnet durch die Mitte des Juni den Zeitpunkt allgemein. Nach dem Anonymus kam dabei der kaiserliche Vikar, nach dem Annalisten der Podestà ums Leben; gemeint ist dieselbe Persönlichkeit, indem der damalige Podestà vom Kaiser bestellt war[1]). Dass Bernardo Rossi mit seinem Heere Parma an die Kirche zurückgebracht habe, wie Rolandin und der Anonymus berichten, entspricht nicht dem wirklichen Sachverhalt[2]). Dagegen ist es auch anderweit gut bezeugt, wenn dieser Rossi bei dem Anonymus, aber nicht bei Rolandin, des Kaisers Gevatter heisst[3]). Nach Rolandin hatte

[1]) Ann. Parmenses maiores. Mon. Germ. SS. XVIII 671: pro imperatore potestas. Vgl. Ficker, Ital. Forschungen II 532, § 416 n. 24.

[2]) Vielmehr kehrte er erst zehn Tage nach dem Abfall mit dem Legaten Gregor von Montelongo nach Parma zurück. Vgl. Ann. Plac. Ghib. M. G. SS. XVIII 494; Ann. Parm. loc. cit. XVIII 671; vgl. übrigens Ann. Januenses M. G. SS. XVIII 221. Allerdings war Bernardo einer der bekanntesten Emigranten und gefährlichsten Widersacher des Kaisers, vgl. Friedrichs Schreiben an den Castellan von Messina (1248 mai 18) und Peter von Vinea ep. lib. II 42 (B-F nr. 3703, 3682), ferner Ann. Plac. Ghib. zum März 1246.

[3]) Ann. Plac. Ghib. l. c. 480 a. a. 1238 bei der Belagerung Brescias: Imperator direxit Bernardum Rolandi Rubei de Parma *compatrem suum* in civitatem Brixiae, wo er vor der Credentia verräterischer Weise die Uebergabe widerrät: imperatorem non posse ibi residentiam habere. Ferner Salimbene, Mon. hist. ad provincias Parmensem et Placentinam pertinentia III, 1 1857 p. 78: dominus Bernardus ..... *compater imperatoris* et amicissimus valde et dilectus ab eo. In der Regel erwähnen die Quellen, dass er mit Innocenz IV. verschwägert war.

die Hilfstruppe, die Ezzelin von Romano dem Kaiser zuführte, eine beträchtliche Stärke; der Anonymus wählt eine runde Zahl 500, ebenso die Placentiner Annalen, die sie auf 600 schätzen [1]).

An den eben besprochenen Stellen möchte die Unabhängigkeit des Anonymus von Rolandin und dem Annalisten ausser Zweifel sein. An weiteren Beispielen wäre kein Mangel [2]). Doch bleibt die Frage, ob nicht etwa daneben eine unmittelbare Benutzung der beiden Schriftsteller durch den Anonymus stattgefunden hat. Nun werden die Uebereinstimmungen gegen die zweite Hälfte des dreizehnten Jahrhunderts immer seltener, in dem Masse, als die Darstellung Rolandins und des Annalisten einen breiteren Fluss annimmt, und sie verschwinden schliesslich, wo diese beiden Zeitgenossen selbständig die Geschichte der jüngsten Vergangenheit erzählen. Es versteht sich aber, dass gerade in diesen Partieen Uebereinstimmungen zu erwarten wären, wenn wirklich der Anonymus unmittelbar aus beiden Autoren schöpfte. Fehlen solche, so wird es durchaus unwahrscheinlich, dass er sich ihrer irgendwo unmittelbar bedient habe.

---

1) Ann. Plac. Ghib. l. c. 494: Eyzolino qui in sua comitiva habebat 600 milites.

2) Ebenfalls hierher gehört es, wenn der Anonymus die Hochzeit der Beatrice von Este mit Andreas von Ungarn zu dem richtigen Jahre 1234 einträgt, während Rolandin und der Annalist sie irrtümlich zum Jahre 1235 erzählen (Chron. Pat. p. 1132D Rol. lib. III cp. 9 p. 60, Ann. S. Just. p. 154).

Es ist aber um so wichtiger, dies vorauszuschicken, als der Anonymus gelegentlich zwei Nachrichten über denselben Vorgang bringt, von denen man der einen bei Rolandin, der andern bei dem Annalisten wiederbegegnet. Denn ist obiges richtig, so macht er hier nicht von diesen Schriftstellern, sondern von zwei Quellen Gebrauch, deren eine ihm mit Rolandin, die andere mit dem Annalisten gemeinsam ist[1]).

Ann. S. Just. p. 154.

a. 1232 .... Ascendit autem in Alemaniam imperator, et capto filio proprio, rege scilicet Henrico, misit eum in Apuliam ibique fecit ipsum usque ad diem mortis sicut proditorem in carcerem custodiri, ideo quia confederatus fuerat cum Lumbardis, constituitque in locum eius Conradum, quem tenerrime diligebat.

Chron. Pat. p. 1131 E.

a. 1232... Transiensque in Alemanniam (scil. imperator) dictum filium suum captum in Apuliam misit et carceravit et custodiri fecit usque in diem mortis; eo quod contra eum fuerat confoederatus cum Lombardis.

Rol. lib. III cp. 10 p. 61.

a. 1236.... et de Padua tunc 200 milites sunt illuc subito destinati. Unde imperator spe sua fraudatus, ivit ad Plavim et remisso Ecelino

---

[1]) Belege ähnlicher Art aus typographischen Gründen in Beilage I.

Vicenciam, transiens aquam Plavis impetuosam tendensque ad partes Aquilegie, festinanter Alemaniam introivit. Ibi enim sonuerat, quod barones Alemanie contrahebant amiciciam cum Lonbardis et dictum fuit, quod filius imperatoris Henricus debebat constitui rex Lonbardorum et princeps preter conscienciam patris. Unde a patre detentus, dum captivus mitteretur in Apuliam, dicunt quidam, quod de iugo cuiusdam montis cum toto equo se proiecit in quoddam antrum et in profundam latebram sive clivum et sic mortuus pertransivit patris supplicium et aufugit; alii dixerunt, quod obiit in carcere tenebroso.

Chron. Pat. p. 1133 E.

a. 1236 ... Et Paduani miserunt ducentos equites Tervixium. Et Imperator, dimisso Ecelino Vicentiam, ivit ad Plavim deinde ad Aquilegiam *per Forum Julii et Carentanam* et festinanter in Alemanniam, et ibi cepit filium suum Henricum et captum misit in Apuliam et ibi mortuus est, cum ipse foret electus Longobardorum Rex contra Patrem.

Ein ander Mal scheint er gar drei von einander unabhängige Angaben über die gleiche Begebenheit aufgenommen zu haben, von denen je eine auch bei Rolandin und dem Annalisten, die dritte nur bei ihm überliefert ist[1]).

[1]) Ein Teil der folgenden Angaben ist falsch eingereiht, so die des Anonymus zu 1206 und die Rolandins zu 1208; sie be-

Chron. Pat. p. 1125 E.

a. 1206. *Eo tempore Azo Estensis Marchio cum esset Potestas Mantuae et Veronae, Ezelinus de Romano cum suis et Monteclis expulit eum de Verona per vim die VII Junii. Et Dominus Odericus de Viccecomitibus factus est Potestas Veronae. Sed immediate post in mense Augusti Dominus Marchio expulit Monteclos de Verona.*

Rol. lib. I cp. 9. p. 43.

[Factum Braide de Verona.] ....in anno 1207 dompnus Azo Estensis marchio factus est potestas Verone. De cuius honore condolens Ecelinus de Romano secundus ....congregatis amicis suis de Verona, Vicencia et undecunque potuit aliunde..... cum eis taliter ordinavit, quod magnum habuit warnimentum. Et sic factus est quasi ex inproviso insultus maximus in Verona contra marchionem et contra omnes faventes ei; et ita demum est marchio de potestaria expulsus.... Sed non multo tempore post facta magna congregacione de suis amicis de Lonbardia, Marchia et Romagna..... statim sequenti anno 1208 gentem suam Veronam conduxit in Braidam. Et pugna illic commissa est inter partes. Milites occurerunt militibus, pedites

ziehen sich sämmtlich nur auf die Kämpfe in Verona im Sommer (Juni—September) 1207, worüber die im wesentlichen zutreffenden Erörterungen Winkelmanns (Jahrb. Ottos IV. p. 180 ff. 537) zu vergleichen sind; übersehen sind dort die Nachrichten des Anonymus und ein Bruchstück einer Urkunde bei Muratori. Antich. Est. 1717 I 387.

cum peditibus manualiter pugnaverunt, ... demumque .... stetit marchio victor in Brayda. Turres habuit et domus bellicosas per civitatem. Ipsum quoque Ecelinum tunc captum habuit et detentum; quem curialiter et honeste tractavit, eundemque honoravit et ipse, fecitque illi honorem fieri per dompnas et milites omnes, qui vel que fuerunt honorabiles in Verona. Ultimo Ecelinum ipsum marchionis militibus honorifice sociatum, decenter conduci fecit Baxanum; et ipsi milites qui conduxerunt eundem, honorem maximum receperunt a dompnabus et militibus de Baxano. Ha Deus! tunc erant werre, si licitum est dicere, bone werre, dum unus alteri viriliter inimicans, captus tamen aliquando, non morti tradebatur continuo, etc etc.

Ann. S. Just. p. 149.

Anno ... Domini 1207 cum vir illustris Azo marchio Estensis de voluntate partium, comitis videlicet Sancti Bonifacii et Monticulorum, civitatis Verone regimen suscepisset et prudenter in suo regimine se haberet, Monticuli favore Ecelini de Romano, qui vitam terminavit in heretica pravitate, facta coniuratione contrà eum, de Verona eum subito eiecerunt. At ille, utpote vir magnanimus et astutus, tantum dedecus vindicare intendens, amicis suis undique congregatis, in manu valida ivit Veronam, parte comitis prebente sibi auxilium et favorem. Ecelinus e contra collecta multitudine bellatorum, in subsidio Monticulorum perrexit Veronam. Et factum est prelium equestre maximum in Braida Veronensi, in quo pars marchionis et comitis adversarios strenue superavit. Mantuani vero, conducti pecunia, comuniter cum carotio venerunt in auxilium marchionis. Unde Monticuli cum omnibus adherentibus sibi, nimio terrore perterriti, octavo die intrante Septembri, nocte civitate dimissa, fugerunt, salvare personas solummodo cupientes. Hoc fuit initium malorum, non solum predicte civitatis, set et marchie et etiam Lumbardie exterminium. Ex tunc marchio et comes Bonifacius toto tempore vite sue Verone dominium habuerunt. Monticuli autem arcem Garde inexpugnabilem capientes, in ea se fortiter munierunt.

Chron. Pat. p. 1126 A, B.

a. 1207. Eo tempore fuit proelium inter Marchionem Estensem, faventibus sibi Comite Sancti Bonifacii et Mantuanis ex una parte, et Monteclos, favente eis Ezelino de Romano ex altera, in Braida Veronensi. In quo proelio pars Marchionis et Comitis adversarios superavit. Ideoque Montecli terrore concussi die VIII Septembris tempore noctis fugerunt, civitate dimissa, personas solummodo salvare cupientes. Et hoc fuit primum initium malorum Marchiae. Et Montecli arcem Gardae occupaverunt, in ea se fortiter munientes. Marchio vero et Comes, donec vixerunt, Veronae dominium habuerunt. Et Marchio qui tunc habuit Ecelinum captum, curialiter tractavit et honoravit et Militibus sociatum decenter conduci fecit Basianum. Qui milites honorem maximum receperunt a Dominabus et Militibus de Baxiano. *Et dicebatur, quod Ruffus ex una parte, et Rolandinus Labratus fratres Cives Paduani ex altera fuerunt in proelio supradicto.*

Oder er hat deren zwei, die eine mit Rolandin gemeinsam, während die andre ihm eigentümlich ist und der Annalist eine dritte abweichende Darstellung gibt[1]).

Chron. Pat. p. 1133 A, B, D.

a. 1236. Et imperator Fredericus ad requisitionem Ecclini venit Tridentum et deinde mense Februarii intravit Veronam, et postea transivit flumenMenci, et devastavit Gazum et Marclariam. Et ivit Brixiam per Mantuanam omnia devastando; et deinde Cremonam et ibi mansit per totum mensem Octobris. ..... Et Imperator visis literis Ecelini de Romano movit se *die penultimo*

[1]) Bezgl. des kaiserlichen Itinerars, vgl. B-F nr. 2190 a. ff. und Ann. Veron. Vet. Arch. Ven. IX 93. Man beachte am Schlusse bei aller Uebereinstimmung die Verschiedenheit der Zeitangaben Rolandins und des Anonymus. Während die des Anonymus sich mit dem tatsächlichen Verlauf vereinbaren lassen (statt „*die illa*" wird vermutlich „*die una*" zu lesen sein), ist von den Daten Rolandins das letzte fehlerhaft. Vgl. hiezu B-F nr. 2204 a, b, c.

Octobris, et in die illa (?) et nocte venit Vicentiam et illam habuit et combussit.

Rol. lib. III cp. 9 p. 60.

Et taliter pertractavit (Ecelinus), quod Fridericus imperator augustus venit Tridentum in anno Domini 1236 mense Februarii; exinde quoque Veronam per comeatum et consilium Ecelini, tunc habentis Veronam cum sua parte. De Verona vero ivit, pertransiens flumen Menzum, currensque per partes ulteriores, Theotonicus furor vastavit Gazum et Marchariam aliasque villas exinde Mantuani districtus; et procedens ultra Brixiam pertransivit et se cum sua gente locavit et posuit in Cremona, ubi mansit usque per mensem Octubris sequentis....... Imperator autem, litteris et nunciis instanter rogatus ab Ecelino, in una die et una nocte equitavit cum tota gente sua usque de Cremona in partes Castri de Sancto Bonifacio Veronensis districtus, ubi dicitur pratum Aicardi. Et tantum illic mora facta, quantum quis cibare panem potuit festinanter, armatis repente gentibus cunctisque dextrariis copertis ad pugnam, Vicenciam venit. Quam subito et ipsam predatorie arsit et occupavit. Et hoc fuit in vigiliis omnium sanctorum in anno predicto, in nocte.

Chron. Pat. p. 1133 C.

a. 1236. *Et die XV Augusti Fredericus venit de Alemannia cum Duce Saxoniae, Archiepis-*

copo Maguntiae et aliis multis et ivit Cremonam die exeunte septimo.

Ann. S. Just. p. 155.

a. 1236. Tunc Federicus imperator in mense Augusti persuasione Cremonensium et Ecelini descendit de Alamania cum exercitu copioso, venitque Veronam et vastatis Mantuanis in Lumbardiam pertransivit.

Was folgt nun hieraus? Dass man es mindestens mit zwei besondern Gruppen von Aufzeichnungen zu tun hat, die verloren sind. Freilich ist dann mit dem vorliegenden Material über dieses Ergebnis nicht hinauszukommen; worin jene Gruppen sich unterscheiden, welcher von ihnen die einzelnen erhaltenen Bruchstücke angehört haben, bleibt ungewiss[1]).

Daher auch der Zeitraum, über den die verlorenen Aufzeichnungen sich verbreiteten, nur für sie insgesammt sich bestimmen lässt. Spätestens mit dem Jahre 1188 haben sie begonnen. Denn auf ein Ereignis dieses Jahres bezieht sich das erste genaue Datum in der Chronik Rolandins, das, wie sich aus der Vergleichung mit dem Anonymus ergibt, aus der gemeinsamen Quelle entnommen ist[2]). Vielleicht

[1]) Immerhin wird es mit der verschiedenen Provenienz der Bruchstücke zusammenhängen, dass die Uebereinstimmungen sich in der Regel nur auf je zwei Schriftsteller erstrecken, auf Rolandin und den Anonymus, oder auf den Anonymus und den Annalisten.

[2]) Rol. lib. I cp. 7 p. 42; Chr. Pat. p. 1123 B.

aber reichten sie noch ins Jahr 1174 zurück. Denn von dem grossen Brande, der Padua im März dieses Jahres heimsuchte, scheint die städtische Geschichtschreibung ihren Ausgang genommen zu haben. Wenigstens ist er die erste von dem Anonymus vermerkte Begebenheit, und mit dem gleichen Jahre, d. h. doch wohl mit der Nachricht von dem Brande setzte jene heute verschollene Chronik ein, die der Podestà des Jahres 1271 bei sich trug[1]). Was den terminus ad quem anlangt, so findet sich die letzte Uebereinstimmung des Anonymus mit Rolandin zum Jahre 1253, mit dem Annalisten zum Jahre 1261; ob dort aber die gemeinsame Quelle endete, oder ob die beiden Schriftsteller des dreizehnten Jahrhunderts sich von ihr trennen, um nunmehr lediglich aus eigener Erfahrung zu berichten, mit deren Hilfe sie schon vorher die Angaben ihrer Quelle bereichern und umgestalten, bleibt fraglich.

Ungefähr also kann man sagen, dass jene verlorenen Aufzeichnungen das ausgehende zwölfte Jahrhundert und noch etwas mehr als die erste Hälfte des dreizehnten umfasst haben.

Ihre Niederschrift erfolgte jedenfalls nicht unmittelbar nach den Ereignissen. Nur so erklärt

[1]) Desgl. die mehrfach erwähnten Podestàlisten. Ob zwischen jener Chronik und den verlorenen Aufzeichnungen Beziehungen bestanden, darüber ist nicht einmal eine Vermutung möglich; jedenfalls beschränkte sich nach der uns vorliegenden Angabe die Chronik inhaltlich auf die Mark Treviso, während die Aufzeichnungen, nach den vorhandenen Bruchstücken zu urteilen, auch die allgemeine Zeitgeschichte berücksichtigten.

es sich, dass z. B. die Gefangennahme und der Tod Heinrichs (VII.) in einer Gruppe schon zum Jahre 1232, in der andern zum Jahre 1236 erzählt, dass die Rückkehr Friedrichs II. nach Deutschland von den drei Autoren ins Jahr 1211[1]), die Wahl Innocenz IV. ins Jahr 1242[2]) verlegt wird, u. dergl. mehr.

Was ferner den Inhalt der Aufzeichnungen betrifft, so behandelten sie, wie die erhaltenen Auszüge dartun, nicht bloss die Landschafts- und Ortsgeschichte. Auch die Weltereignisse wurden darin verfolgt, zumal der Kampf zwischen den Päpsten und Friedrich II.; daneben erwähnten sie z. B. des Todes Philipps II. August, ungarischer Begebenheiten, der Kreuzzüge gegen Damiette. Im wesentlichen freilich befassten sie sich doch mit den Vorgängen im östlichen Oberitalien, in der Mark Treviso, in Padua, und in den Nachrichten, die sie hierüber brachten, lag auch ihr eigentlicher Werth. So sind aus ihnen die wichtigen Angaben abgeleitet, die wir in den abhängigen Quellen über die Parteiungen in Verona, über die Politik des Hauses Este, über Ezzelin von Romano finden. Desgleichen verdankt man ihnen Mitteilungen zur Reichsgeschichte, z. B. über Friedrichs II. Tätigkeit in

---

[1]) Rol. lib. I cp. 11 p. 44; Ann. S. Just. p. 150; Chr. Pat. p. 1127 B, C.

[2]) Rol. lib. V cp. 7 p. 78; Ann. S. Just. p. 158; Chr. Pat. p. 1136 B.

jenen Gegenden, die man ungern entbehren würde.

Noch aber bleibt die Frage zu besprechen, wie es sich bei ihnen mit der politischen Tendenz verhielt. Denn es trifft sich nicht selten, dass Rolandin oder der Annalist dieselben Dinge in andrer Auffassung und Beleuchtung schildern als der Anonymus, obwohl ihre Nachrichten augenscheinlich der gleichen Quelle[1]) entlehnt sind. Z. B. 1213 brach zwischen Padua und dem jungen Markgrafen von Este Fehde aus, weil der Markgraf der Stadt den Gehorsam verweigerte. Der Anonymus deutet an, dass er in dem Siege Paduas den der rechtmässigen Obrigkeit gegen den widerspenstigen Untertan erblicke. Der Annalist stellt den Handel vielmehr als eine Machtfrage dar, wobei der schwächere Teil, der Markgraf, sich am Ende zur Unterwerfung genötigt sieht.

Ann. S. Just. p. 150.

a. 1213 . . Eodem anno cum nobilis marchio Aldrevandinus nollet communitati Padue subiacere, Paduani arcem Estensem cum machinis obsederunt. Videns autem marchio Aldrevandinus, se non posse amicos suos qui obsidebantur,

---

[1]) In gewissen Fällen dagegen dürfte die Verschiedenheit lediglich durch Textcorruptelen bei dem Anonymus entstanden sein. So möchte ich Chr. Pat. p. 1130 D statt «eis subesse» lesen «ei subesse» und p. 1131 D «dolorem» statt «dolum». Vgl. Psalm VII 15.

comode adiuvare, pariterque sciens, quia durum est contra stimulum calcitrare, coactus iuravit, sicut civis communi Padue in omnibus obedire et sic exercitus ad propria remeavit.

Chron. Pat. 1127 D.

a. 1213. Eo tempore Paduanus exercitus *cum Ezelino Monacho et eius filio Ezelino Tertio* obsedit rocham de Est et eam *violenter accepit*, Aldrevandino Marchione resistente et recusante obedire Communi Paduae. Qui videns, quia durum est contra stimulum calcitrare *et suae Civitati non obedire* iuravit mandata potestatis Paduae.

1237 am 25. Februar verlor Padua seine Unabhängigkeit. Tags zuvor verliess der damalige Podestà, ein Venetianer, nachdem er kaum sein Amt angetreten, mit Hab und Gut und seinen Angehörigen die Stadt; „furtive“ wie der Anonymus überliefert. Rolandin übergeht diesen Umstand, während er im übrigen der gemeinschaftlichen Quelle folgt.

Rol. lib. III cp. 16 p. 64.

a. 1237. . . Hac die (scil. quinta die Februario exeunte) Marinus Badoarius de Veneciis, qui tunc erat Paduanorum potestas, recessit cum rebus suis et curia et familia sua tota.

Chron. Pat. p. 1134 C.

a. 1237. Post haec D. Marinus Potestas praedictus *furtive* recessit cum rebus suis et familia die 5 exeunte Februario.

Als Gregor IX. 1239 von neuem die Excommunication über den Kaiser verhängte, liess Friedrich, der sich damals zu Padua aufhielt, eine Volksversammlung berufen, um vor ihr Verwahrung einzulegen. Peter von Vinea, sagt der Anonymus, erhob hier Klage über die Wut des Papstes. Bei Rolandin drückt er sich voll Rücksicht und Mässigung aus; mit Recht, erklärt er, dürfe man über die Lenker der heiligen Kirche Schmerz und Klage äussern.

Rol. lib. IV cp. 10 p. 71 f.

a. 1239. Cum insonuisset per Paduam, quod imperator erat excommunicatus per papam, tunc ipse fecit protinus convocari magnam concionem in palacio Padue. Et dum illic in sua maiestate sederet, surrexit iudex imperialis Petrus de Vinea, fundatus multa litteratura . . . . et edocuit populum, quod cum dompnus imperator foret adeo benignus et iustus princeps et dominus equitatis, sicut unquam fuerit aliquis qui a Karlo citra imperium gubernasset, digne poterat de sancte matris ecclesie rectoribus conqueri et dolere.

Chron. Pat. p. 1135 C.

a. 1239. . . . . . Papa Gregorius publice excommunicavit Imperatorem. Quare Imperator convocata concione in Palatio Paduano *per os* Petri de Vinea querelam fecit de *saevitie Papae.*

Mit der Einsetzung von Generalvicaren, womit die Neuordnung der italienischen Verwaltung im wesentlichen zum Abschluss kam, begann Friedrich im Mai 1239 in der Mark Treviso. Doch musste hier die Stellung des neuen Beamten zu Ezzelin von Romano besonders geregelt werden. Nach dem Anonymus geschah das in der Weise, dass der Vicar sich des Rates Ezzelins bedienen sollte. Die Annalen von S. Justina hingegen sagen, er habe den Befehlen Ezzelins in allen Stücken gehorchen müssen[1]).

Ann. S. Just. p. 157.

a. 1239. . . . Imperator autem relicto Tibaldo Francisco potestate Padue et vicario totius Marchie, ita tamen, ut mandatis Ecelini in omnibus obediret, transivit in Lumbardiam . . . .

Chron. Pat. p. 1135 D.

a. 1239. . . . Tunc vero Imperator relicto dicto Domino Thebaldo Potestate Paduae et suo Vicario in Marchia, sic tamen, *ut uteretur consilio Ezelini,* transiens cum exercitu in Lombardiam.....

[1]) Ficker, Ital. Forsch. II 509 § 406 n. 15 und Gitterman, Ezzelin von Romano p. 74 sind demgemäss zu berichtigen.

Nach fast einstimmigem Zeugnis der Quellen wurde Ferrara 1240 durch schnöden Vertragsbruch Salinguerra entrissen[1]). Auch der Anonymus spricht von dem trügerischen Schein eines Abkommens und nennt Salinguerra gleichsam altersschwach. Nur die Annalen von S. Justina halten mit einem bündigen Urteil über jenen Vertrag zurück und schweigen auch über den Zustand Salinguerras.

Ann. S. Just. p. 157.

a. 1240 .... venerunt in auxilium marchionis et obsederunt Ferariam quam post menses quatuor sub quadam compositionis specie habuerunt. Nichilominus tamen Salinguerram captum dux Jacobus Teupulus Venetias secum duxit ubi usque ad diem mortis sue fuit in carcere custoditus.

Chron. Pat. p. 1135 E.

a. 1240. .... obsederunt Ferrariam in auxilium marchionis quam sub *dolosa* specie compositionis post quatuor menses capto Salinguerra *quasi decrepito* et ducto in custodiam Venetorum usque dum vixit, per Dominum Jacobum Teopolum Ducem Venetiarum obtinuerunt.

Weiterhin setzt der Anonymus die Ursachen des endgiltigen Bruches zwischen Innocenz IV. und Friedrich II. auseinander, ohne einseitig Partei zu ergreifen. Der Annalist seinerseits vertritt

---

[1]) Vgl. Schirrmacher. Kaiser Friedrich der Zweite III 164 ff.

die Sache des Papstes mit aller Entschiedenheit. Das angebliche Vorhaben des Kaisers nennt er ruchlos.

Ann. S. Just. p. 158.

1242. .... Iste (Innocentius) quaesivit fere duobus annis habere pacem ·cum imperatore, volens finem imponere tantis malis. Sed imperator cum fere totam Italiam possedisset, in superbiam elevatus verba quidem blanda dicebat, sed Romanam ecclesiam deprimere modis omnibus satagebat. Superbie quippe spiritu inflammatus, proponebat ecclesiis auferre iurisdictiones et possessiones villarum et castrorum quibus erant ab imperio predotate et taliter volebat humiliare superbiam clericorum. Et licet ipse versipellis esset plurimum et astutus, tamen quod ex habundantia cordis os loquitur, istam sacrilegam voluntatem non poterat occultare. Unde contra se odium prelatorum in toto imperio non modicum excitavit.

Chron. Pat. p. 1136 B, C.

a. 1242. .... Hic (Innocentius) fere quaesivit duobus annis habere pacem cum Imperatore, ut finem guerris imponeret, quod imperator recusavit, videns se quasi totam Italiam possidere, intendens penitus clericorum *pessimam* superbiam refrenare.

Endlich datiert der Anonymus vom Jahre 1243 Ezzelins vermessen wahnwitzige Lust am

Menschenmord, der Annalist dagegen seine wachsende Dreistigkeit in Straferkenntnissen ohne Ansehen der Person gegen Jedermann.

Ann. S. Just. p. 158.

a. 1243. .... Et tunc primo tirannus assumpsit maiorem audaciam ita nobiles et potentes sicut ignobiles et pauperes puniendi.

Chron. Pat. p. 1136 E.

a. 1243. .... Qui tunc sumsit audaciam *et rabiem homines occidendi.*

Es sind starke sachliche Abweichungen, die sich nur so erklären, dass entweder der Anonymus oder die beiden älteren Paduaner in ihren Auszügen die originale Fassung verändert haben. Die Neigung hierzu wird man eher bei jenen Schriftstellern des dreizehnten Jahrhunderts annehmen dürfen. Denn als jüngere Zeitgenossen standen sie den geschilderten Begebenheiten noch selber nahe, und wenn sie gleich ältere Aufzeichnungen ausschrieben, so mochten sie immerhin abweichende persönliche Anschauungen zum Ausdruck bringen. Dass aber der Anonymus zu seiner Zeit selbständig auf originelle Ansichten von Menschen und Ereignissen kam, ist ungleich weniger wahrscheinlich, zumal keine ausgesprochene Tendenz, sondern ein objektives geschichtliches Interesse sich bei ihm zeigt. Wenn er z. B. Peters von Vinea Rede wider Gregor IX. im Gegensatz zu Rolandin auf die schärfste Tonart gestimmt sein lässt, so legt er doch nirgends eine unkirchliche oder kirchenfeindliche Gesinnung an den Tag; ausdrücklich erkennt er die Friedensbemühungen Innocenz IV. an. Sodann findet sich bei ihm zwar keine Invective gegen Friedrich II. wie bei dem Annalisten, aber ebensowenig verteidigt er die kaiserliche Politik. Oder wenn er gelegentlich der Eroberung Ferraras seine Meinung vom Hergang der Dinge unumwunden äussert, so hat er dabei, den einzigen Annalisten ausgenommen, die gesammte Ueberlieferung auf seiner Seite. Es hat hienach den Anschein, als ob die beiden Gewährsmänner des dreizehnten Jahrhunderts ihren beschränkteren Parteistandpunkt markiert hätten gegenüber der unbefangneren Auffassung der ursprünglichen Ueberlieferung, die der Anonymus sich aneignete.

So gewinnen jene verlorenen Aufzeichnungen neben ihrem selbständigen Werte auch für die Kritik der sie benutzenden Autoren Bedeutung. Vor allem wird erst durch sie die Brauchbarkeit des Anonymus ins Licht gerückt, während Rolandin von der Schätzung einbüsst, die ihm bisher zu Teil geworden ist.

Wir müssen hier auf seine Behauptung zurückkommen, dass er zur Abfassung seiner Chronik Aufzeichnungen zunächst seines Vaters und weiterhin die eigenen verwendet habe[1]). Denn es fragt sich nun, in welcher Beziehung diese Vorarbeiten zu den Aufzeichnungen stehen. deren Verlust hier festgestellt worden ist. Sollten etwa Rolandins Uebereinstimmungen mit dem Annalisten und dem Anonymus auf die gemeinsame Benutzung dieser Vorarbeiten zurückzuführen sein? Aber wäre es dann nicht seltsam, dass der Annalist und namentlich der Anonymus sie in fast wortgetreuer Fassung übernommen haben müssten, während Rolandin dies sorgfältig vermied? Es ist klar, dass hieran nicht wohl zu denken ist. Und ebensowenig glaubhaft ist, dass Rolandin zwei verschiedene Arbeiten für seine Chronik neben einander verwertet habe, von welchen er die eine nennt, eben die, welche

[1]) Prologus p. 38: «Et veniam peto, quod audeo nunc officio stili submittere, que gesta sunt, dum adhuc forem in infancia constitutus. Pic namque memorie pater meus notarie artem exercens in Padua, animum suum applicuit, ut non solum contractus scriberet, sed et facta quedam de Marchia Tarvisina more bonorum simplicium antiquorum notaret, notata quoque michi dedit in scriptis, quibus me aliqua superaddere iussit. cum iam annus etatis mee 23. decurrebat. Sic itaque, volens ipsi succedere bone fidei possessori, paternis scriptis addere attemptavi, que me partim recolo audivisse et post eius iussa pro magna parte vidisse me profiteor et scripsisse. Si quibus autem gestis infra notatis per me quicquam fuerit variatum. diminutum, vel additum, veritatis illud lima cupio lucidari, cum in hoc mee simplicitatis opusculo denotentur, que facta sunt in marchia usque diebus illis vel circa, currente scilicet anno Domini 1200 quo sum natus ad sexagesimum in quo scribo.» Jaffé glaubte diese Notizen verloren. Nach Winkelmann, Friedrich II. I 21 hat «die späte Bearbeitung derselben einige chronologische Fehler veranlasst».

von seinem Vater und von ihm selbst herrührt, während er die andre von irgend einem fremden Verfasser verschweigt, obgleich er eingehenden Gebrauch von ihr macht. Vielmehr sieht es ganz danach aus, als ob er durch die Fiction selbständiger Vorarbeiten über seine Abhängigkeit von fremden Aufzeichnungen habe täuschen, sich den Schein unbedingter Originalität habe geben wollen. Daher vielleicht sein Bestreben, der wörtlichen Congruenz mit der verleugneten Quelle aus dem Wege zu gehen.

Jedenfalls ist nun mit Rücksicht auf die Irrtümer, die sich im einzelnen ihm nachweisen lassen, zu beachten, dass zwar ein Teil bereits aus der benutzten Vorlage stammt, dass aber nicht wenige erst von der willkürlichen Bearbeitung derselben herrühren.

So erwähnte die Vorlage z. B. zum Jahre 1245 der Absetzung Friedrichs II. und hierauf zum 24. Juli der Erscheinung eines Cometen. Rolandin dagegen lässt die Absetzung, die tatsächlich am 17. Juli erfolgte, am 24. vor sich gehen und an demselben Tage und zur selben Stunde die Erscheinung des Cometen, und behauptet, das Zusammentreffen beider Begebenheiten sei späterhin in Erfahrung gebracht worden[1]). Oder er verlegt den Tod Heinrich Raspes, gest. 17. Febr. 1247, den er in seiner Quelle nach einem Ereignis des August, jedoch ohne genauere Zeitangabe,

[1]) Rol. lib. V cp. 14; Chr. Pat. 1137 A—E.

eingetragen fand, in den Herbst dieses Jahres[1]. Eigentümlich sodann verhält es sich mit einem Rolandin oft nacherzählten Vorfall, angeblich aus der Kindheit Ezzelins III. von Romano, geb. nach übereinstimmenden Angaben der Quellen am 25. April 1194. Nach Rolandin wäre dieser nämlich von seinem durch Feinde bedrängten Vater als Geisel ausgeliefert worden. Allein der Anonymus weiss nichts von der Auslieferung Ezzelins, obgleich beide Schriftsteller unzweifelhaft von derselben Begebenheit nach gemeinsamer Quelle erzählen.

Rol lib. I cp. 7 p. 42 f.

... Paduani .... ceperunt hostiliter Montegaldam in anno Domini 1188 .... Vicentini .... elapsis forte annis quinque post factum Montegalde, hostiliter iverunt Marosticam et illic insultaverunt in Ecelinum ex improviso. Set defenderunt se Marosticani viriliter et Vicentinos retrocedere compulerunt, donec adveniente Paduana milicia in auxilium Ecelini, Vicentini subito Vicenciam sunt reversi. Non autem steterunt Vicentini sic negligentes ex toto, set quasi elapso non multo tempore, habuerunt totam miliciam Veronensem et populi magnam partem; et ipsi cum viribus suis omnibus, cum exercitu copioso et magno venerunt ad partes Marostice et ad partes Baxani, minantibus expresse quod a mon-

---

[1]) Rol. lib. V cp. 22; Chr. Pat. 1138 B.

tium sumitatibus infra cuncta submittent morti, destructioni, ignibus et ruine. Tunc Ecelinus perterritus concordiam fecit quam potuit cum potentibus inimicis et misit filium suum parvulum Ecelinum pro obside sub tentorio potestatis Verone. Et sic ab his diebus in antea rupte sunt condiciones et pacta Paduanorum cum Ecelino et fuit ipse ulterius quasi unum et idem cum Vicentinis. — **Cp. 8** Indignatis igitur Paduanis de pactis et condicionibus sibi ruptis . . . . .

Chron. Pat. p. 1123 B, C.

a. 1188. . . Eo tempore Paduani ceperunt Montegaldam. . . . . Et post annos V Vicentini cum exercitu militum et peditum Veronae venerunt Marosticam et Baxianum; et Ezelinus prae timore fecit pacem cum eis et dedit filium suum pro obside sub tentorio potestatis Veronae. *Ideoque Paduani dixerunt, quod hoc ceciderat eis ad poenam.*

Rol. lib. I cp. 3 p. 40.

. . . . . genuit dompnum Ecelinum tertium anno Domini 1194 die 6 exeunte Aprili circa meridiem . . . .

Chron. Pat. p. 1124 B.

a. 1194. . . die *Lunae* sexto exeunte Aprili circa meridiem peperit Ezelinum.

Der Anonymus berichtet, Ezzelins Vater habe bei einem Angriff der Veroneser und Vicentiner „seinen Sohn“ dem Feinde als Geisel ausgeliefert. Dieser Sohn aber kann den chronologischen Angaben nach Ezzelin nicht gewesen sein. Denn von dem Angriff heisst es, er sei erfolgt fünf Jahre nach der Einnahme Montegaldas, die zum Jahre 1188 erzählt wird; er wird somit ins Jahr 1193 verlegt, d. h. in eine Zeit, wo Ezzelin III. noch nicht am Leben war, daher auch nicht als Geisel ausgeliefert werden konnte. Die Nachricht des Anonymus geht somit auf einen ältern sonst nicht bekannten Bruder Ezzelins. Rolandin weicht hievon in folgendem ab. Einmal lässt er dem erfolgreichen Angriff der Vicentiner und Veroneser einen erfolglosen der Vicentiner allein vorhergehen, der stattgefunden habe „etwa fünf Jahre“ nach der Eroberung Montegaldas, die er wie der Anonymus durch das Jahr 1188 bestimmt, also etwa 1193; und erst „non multo post elapso tempore“ geht dann der Angriff der vereinigten Veroneser und Vicentiner vor sich, der angeblich die Auslieferung Ezzelins (geb. 25. April 1194) zum Ergebnis hatte. Chronologische Bedenken [1]) lassen sich demnach gegen Rolandins Darstellung nicht erheben und doch wird man ihm mit Rücksicht auf den Anonymus

[1]) Irrtümlich setzt Jaffé in einer Randnotiz p. 43 den Vorfall ins Jahr 1197, Gitterman 3 ins Jahr 1199.

keinen Glauben schenken dürfen, zumal da auch seine Angaben über die zunächst folgenden Ereignisse sich als durchaus unzuverlässig erweisen [1]).

Anderswo endlich hat er zwei Nachrichten seiner Quelle achtlos durcheinander geworfen. Hiess es dort zum Jahre 1224, der Graf von S. Bonifacio sei bei der Belagerung von Ferrara gefangen und nach kurzer Zeit auf Grund eines Abkommens befreit worden, und weiter unter dem Jahre 1225, der Graf, infolge von Unruhen aus Verona vertrieben, habe endlich, dank der Vermittlung der Rectoren der Liga mit seinen Gegnern einen Vertrag geschlossen, so lässt Rolandin den Grafen 1224 in Gefangenschaft geraten, nicht lange, aber doch bis ins folgende Jahr darin festgehalten und befreit werden von den Rectoren der Liga, die hernach einen Zwist in Verona beilegen [2]).

---

[1]) Laut Rolandin nämlich brach Ezzelins Vater seine Verbindungen mit Padua ab, weil es ihn in der Not im Stiche gelassen, hielt fortan Freundschaft mit den Vicentinern und nahm an dem Treffen bei Carmignano keinen Anteil. In Wahrheit lag er nach wie vor mit den Vicentinern in Fehde (Ger. Maur. Mur. R. I. S. VIII 12 D. E) und kämpfte bei Carmignano auf Seiten der Paduaner (Chron. Pat. 1124 D, Ger. Maur. loc. cit. 12—14, Ann. Ver. Mon. Germ. SS. XIX 5, Ann. Ver. vet. Arch. Ven. IX 90).

[2]) Vgl. Rol. lib. II cp. 4, Ann. S. Just. 152. Chr. Pat. 1130. Eben dies ist die Stelle, wo nach Jaffés irriger Annahme der Annalist von Rolandin abhängig sein sollte, vgl. oben S. 6 n. 2. Die Belagerung Ferraras fällt übrigens ins Jahr 1222 und die Gefangenschaft des Grafen dauerte vom 8. Juni bis zum 14. Juli. Vgl. Zagata 24, Torello Sarayna: Le Historie e fatti dei Veronesi etc., Verona 1542 p. 6b u. Ann. Ver. vet. 90, wo der Herausgeber irrig 1224 ergänzt hat.

So zeigt der Rückschluss auf die verlorenen Aufzeichnungen, dass Rolandin der sorgfältige und wohlunterrichtete zeitgenössische Gewährsmann nicht ist, für den er gegolten hat[1]). Das selbe Verfahren erleichtert bei den Annalen von S. Justina die Kritik der handschriftlichen Ueberlieferung und der Composition. In einigen Handschriften der Annalen ist nämlich die wörtliche Uebereinstimmung mit dem Anonymus eine vollständigere als in Drucken nach verschollenen Handschriften. Nun stellen, wie eine genauere Untersuchung ergibt[2]), jene Handschriften eine kürzere Fassung der Annalen dar, die von der längeren in den genannten Drucken erhaltenen Fassung auch in einer Anzahl von Lesarten abweicht. Da nun die Handschriften der kürzeren Fassung (I) die vollkommnere Congruenz mit dem Anonymus aufweisen — denn sie haben

---

[1]) Es versteht sich demnach, dass ihm nicht selten auch da Versehen begegnen, wo er anscheinend auf Grund eigner Erfahrung erzählt. Ueber einen Anschlag Azzos VII auf Ferrara z. B. hat er einen eingehenden Bericht (lib. II cp. 2), der stets unbeanstandet wiederholt worden ist, zuletzt von Winkelmann, Jahrb. Friedrichs II. I 257. Er setzt das Unternehmen ins Jahr 1222 und schildert, wie Azzo mit hundert Rittern in Ferrara aufgenommen, dann aber wegen des ungebührlichen Verhaltens seiner Begleiter von den Einwohnern in blutigem Kampfe vertrieben wird. Dagegen berichten die übrigen Quellen den Vorfall übereinstimmend zum Jahre 1221 (Chr. Est. Mur. R. I. S. XV 304 zum August), und dass nicht Azzo, sondern sein Gegner Salinguerra aus Ferrara verjagt wurde (Chr. Est. loc. cit.; Ann. Mant. Mon. Germ. SS. XIX 21 zu vergl. mit Chr. Parva Ferrariensis Mur. R. I. S. VIII 482 B; Chr. Pat. 1129C). Ein anderes beachtenswertes Beispiel S. 85 n. 1.

[2]) Vgl. Beilage II.

auch solche Lesarten mit ihm gemeinsam, die ihnen im Gegensatz zur längeren Fassung (II) eigentümlich sind — so folgt daraus, dass die kürzere die ältere und ursprüngliche Fassung ist. Z. B.

Chron. Pat. a. 1239: Tunc vero Imperator relicto dicto D. Thebaldo potestate Paduae et suo vicario in Marchia, *sic tamen,* ut uteretur consilio Ezelini, transiens .... in Lombardiam.

Ann. S. Just. a. 1239. Imperator autem relicto Tibaldo Francisco potestate Padue et vicarie totius marchie

I. *ita tamen,* ut mandatis Ecelini in omnibus obediret, transiens ...

II. praecipiens ei, ut — obediret, etc.

Chron. Pat. a. 1247. Et *rex Hentius* eius filius naturalis ... obsedit ...

Ann. S. Just. a. 1247 I. *Rex autem Encius* eius filius naturalis ... obsedit ...

II. Ubi dum moram faceret bellicosus Encius eius filius naturalis ... obsedit ...

Was dann die Composition der Annalen anlangt, so ist die hergebrachte, von J. A. Saxius, Muratori und Jaffé vertretene Ansicht[1]), dass sie aus zwei Teilen von zwei verschiedenen Verfassern sich zusammensetzten, insofern sie anfänglich nur bis zum Jahre 1260 gereicht und

[1]) Vgl. Mur. R. I. S. VIII 663 f., Jaffé, Vorwort 148.

dann von 1261—1270 eine Fortsetzung von andrer Hand erhalten hätten. Unter den Gründen dafür wird insbesondere gegen eine Entstehung des zweiten Teiles in S. Justina angeführt[1]) der Mangel jeder Beziehung auf das Kloster innerhalb des betreffenden Zeitraums und namentlich das Schweigen über die Ermordung des damaligen Abtes unter dem Jahre 1269. Allein auch in dem angeblichen ersten Teil suchen wir gelegentlich während doppelt so langer Zeit (1209—1228) vergebens nach einer Nachricht über das Kloster und jener Todesfall gehört nicht ins Jahr 1269, in das der in chronologischer Beziehung unzuverlässige Smereglius ihn verlegt, sondern dem Anschein nach ins Jahr 1271, d. h. in eine Zeit, wo der Abschluss der Annalen vermutlich bereits erfolgt war[2]). Ferner wird geltend gemacht, dass eine seither verschollene Annalenhandschrift, die der Compilator des Chr. Estense fast Wort für Wort, freilich nur bis zum Jahre 1260 abgeschrieben hat, offenbar nicht weiter gereicht habe. Aber könnte nicht auch der Compilator die Handschrift im Stiche gelassen haben? Auch davon abgesehen aber ist es ganz gleichgiltig, ob sie vollständig war oder nicht, da sie zu den Handschriften der ausführlicheren, d. h. späteren Fassung zählte. Dieselbe Erwägung wird bei einem Mailänder Codex

---

[1]) Von Saxius bei Murat. loc. cit.

[2]) Vgl. Seite 3 n. 4.

angestellt, weil er mitten in der Erzählung des Jahres 1260 abbricht. Dieser gehört zwar zu den Handschriften der kürzeren Fassung, aber ein Pariser Codex, der gleichfalls dazu gehört, enthält den vollständigen Annalentext. Der gar nicht weiter begründete Einwand vollends, der sich gegen die Einheitlichkeit der Darstellung in stofflicher und in stilistischer Beziehung richtet, ist von ganz willkürlicher Art. Man könnte etwa sagen, die Mark Treviso scheine in den sechziger Jahren aus dem Gesichtskreis des Erzählers gleichsam zu verschwinden. Aber der tiefere Grund hievon ist, dass hier nach dem Sturz des Ezzelin'schen Hauses (1260) bis zur Ankunft Konradins Begebenheiten von mehr als rein örtlicher Bedeutung nicht zu verzeichnen sind. Und die Diction hat durchgehends unverkennbar dieselbe rhetorische Färbung. Trotzdem bleibt es in einem besonderen Sinne wahr, dass die Annalen das Werk nicht blos eines Einzelnen sind; denn erst in den fünfziger Jahren kommt die selbständige Arbeit des Verfassers zur Geltung neben den Auszügen aus den verlorenen Aufzeichnungen.

Beilage I.

Vgl. Seite 19 n. 1.

Dass die übereinstimmenden Nachrichten der Paduaner Geschichtsquellen nicht durchweg aus einer einzigen Vorlage abgeleitet sind, erhellt auch aus den nachstehenden Vergleichungen, zu denen auch jene Seite 5 n. 1 bereits erwähnten historischen Notizen herangezogen sind, die gleichfalls als Fragmente der verlorenen Aufzeichnungen angesehen werden müssen. Es handelt sich jeweils um denselben Vorgang, über den zwei verschiedene Nachrichten vorliegen. Ich habe dabei die Ueberlieferungen, die mir auf dieselbe Urquelle zurückzugehen scheinen, unter derselben Ordnungszahl zusammengestellt.

1a. **Rol. lib. II cp. 3 p. 48.**

a. 1222. In partibus . . Ytalie universis terra tremuit, iuga moncium sunt commota propter vehemenciam terre motus, durantis fere per unam horam, in ipsa die natalis Domini statim post missarum sollempnia celebrata, adeo quod multe domus et pallacia corruerunt, homines perierunt per Civitates; et in Brixia maxime tanta ruina fuit, quod Brixienses timuerunt quodammodo, ne tota civitas sit submersa. Et hic terre motus fuit completis annis Domini 1222; et in ipsa die natalis 23. inchoabat . . . . . .

1b. **Mur. VIII p. 736 B.**

a. 1222. .... Studium Bononia translatum fuit Paduae. Eodem anno terraemotus magnus fuit in die Nativitatis Domini, qui duravit per unam horam post missarum solemnia; ex quo multa palatia corruerunt, et maxime in Brixia.

1c. **Chron. Pat. p. 1129 E.**

a. 1222. ... Eo tempore translatum fuit Studium de Bononia Paduam, et die sequenti Nativitatis Domini fuit magnus terraemotus in Padua.

2a. **Ann. S. Just. p. 152.**

Anno Domini 1223 in die natalis Domini inter sextam et nonam horam per totam Italiam factus est maximus terremotus; sed super omnes urbes Italie civitas Brixiensis incredibiliter conquassata maximum dampnum sustinuit in rebus, domibus et personis.

2b. **Chron. Pat. p. 1129/30.**

a. 1223. Eo tempore fuit terrae motus magnus per totam Italiam *in die Dominico in quo celebratur* Nativitas Domini inter Sextam et Nonam, propter quem Civitas Brixiae maxime fuit conquassata et magnum damnum sustinuit in rebus et personis.

1a. **Rol. lib. III cp. 6 p. 58.**

a. 1231. ... Impetravit eciam et redemit (scil. Wifredus de Lucino potestas Padue) de captivitate comitem Sancti Bonifacii et eos, qui cum ipso in carcere tenebantur.

1b. **Mur. p. 373 C, vgl. p. 421 E, 460 A.**

a. 1231. Dominus Wiffredus de Lucino de Placentia Potestas Paduae . . . extraxit de carcere comitem Sancti Bonifacii et quosdam nobiles Veronenses secum.

2a. **Ann. S. Just. p. 154.**

a. 1231. . . . . in mense Septembris mediantibus rectoribus Lumbardie, comes cum sua parte est a vinculis et de inimicorum manibus liberatus.

2b. **Chron. Pat. p. 1131 D.**

a. 1231. D. Gumbertus de Lucino de Como Potestas Paduae . . . Et mediantibus rectoribus Lombardiae *et maxime Paduanis* liberati fuerunt comes Veronae et amici eius de carceribus.

1a. **Rol. lib. IV cp. 9 p. 70.**

a. 1239. Imperator . . . . . die septimo exeunte Januario versus Paduam equitabat.

1b. **Mur. 422 C, cf. 375 B.**

a. 1239. . . cum intrasset ipse Imperator Paduam praeterito mense [(375 B) nuper (!) praeterito] Januarii die VII. exeunte.

2a. **Ann. S. Just. p. 156.**

Anno Domini 1239 circa conversionem sancti Pauli venit Paduam imperator fecitque residentiam in monasterio sancte Justine . . . .

2b (1c). **Chron. Pat. p. 1135 B.**

a. 1239. Cum Imperator intrasset Paduam *de mense Januarii in die* conversionis sancti Pauli, stetit in monasterio sancte Justine . . . .

Beilage II.

Die handschriftliche Ueberlieferung der Annalen von S. Justina (1207—1270).

1. Handschriften. Jaffé's Ausgabe der Annalen in den Mon. Germ. liegen die folgenden zu Grunde.

a) Ein Codex der Ambrosiana (A) sec. 15. Der Text bricht bei 1260 mit „Deo gratias" ab. U. a. erwähnt eine Variante zum Jahre 1249 den Tod und das Begräbnis Enzios[1]).

b) Ein Pariser Codex (P), ebenfalls sec. 15, mit mehreren Zusätzen aus der Chronik Rolandins. Zwei Varianten zum Jahre 1237 handeln von Jordan Forzatè, Prior und Gründer von S. Benedetto in Padua. Jaffé vermutete daher, dass die Handschrift in diesem Kloster entstanden sei. Aber auch S. Justina war Benediktinerkloster und Jordan in dem damaligen Padua eine bekannte und einflussreiche Persönlichkeit[2]). Auch gehen jene ihn betreffenden Angaben z. T.

[1]) Winkelmann, Kaiser Friedrich II. I 14 hielt deshalb die Handschrift für eine spätere ausglättende Bearbeitung, die erst nach 1272 vollendet sei.

[2]) Vgl. Sutter 119.

auf die verlorenen Aufzeichnungen zurück. Gegen den Ursprung der Pariser Handschrift in S. Justina spricht jedoch, dass hier im Gegensatz zu allen andern Ueberlieferungen die einzige Stelle, wo der Verfasser sich geradezu als einen Angehörigen des Klosters bezeichnet, in einer dies Verhältnis unkenntlich machenden Weise abgeändert ist[1]). Ferner Wiegendrucke nach seither verschollenen Handschriften:

c) Die Editio princeps des Urstisius von 1585 (U) nach einem Codex unbekannter Herkunft.

d) Die Venetianer Ausgabe des Osius von 1636 (V); nach Jaffé: ex vet. ms.; nach Muratori[2]) wurde dafür die Editio princeps benutzt „et insuper ms. cod. Patav.".

e) Eine fünfte Ueberlieferung der Annalen liegt in dem Chronicon Estense[3]) vor. Der Compilator der Chronik hat darin eine Annalenhandschrift bis zum Jahre 1260 im wesentlichen wortgetreu wiedergegeben. Sie enthielt anscheinend zwei Varianten zum Jahre 1239[4]). In

---

[1]) ad a. 1236. Codex Paris.: Per idem tempus honorabilis abbas Arnaldus fecit fieri dormitorium *S. Justine*, während sonst «dormitorium *nostrum*» steht.

[2]) Im Vorwort zu seiner Ausgabe R. I. S. VIII 663.

[3]) Mur. R. I. S. XV 301—334.

[4]) Die eine erwähnt Friedrichs II. Aufenthalt bei Cittadella zur Zeit einer Sonnenfinsternis Anfang Juni. Genau genommen steht diese Angabe im Widerspruch mit der Darstellung Rolandins (lib. IV cp. 12. 13), wonach der Kaiser damals noch mit der Belagerung von Castel Franco beschäftigt war. Ich kann hier nur andeuten, dass Rolandin über die Vorgänge im kaiserlichen Lager keineswegs so gründlich unterrichtet ist, als er zu sein scheint. Die andere Variante erzählt die Niederlage der

der Ausgabe der Mon. Germ. ist sie nicht berücksichtigt.

Zwei weitere Handschriften, die seit Jaffés Ausgabe bekannt geworden sind, bin ich leider nicht in der Lage zu verwerten[1]); auch wenn sie eingerechnet werden, erscheint im Verhältnis zur einstigen Verbreitung der Annalen der gegenwärtige Handschriftenbestand gering[2]).

2) Recension. Bei der Herstellung des Textes hat Jaffé die Handschriften A und P zu Grunde gelegt. Dabei bevorzugt er A vor P, während er Lücken nach den vollständigeren Drucken U und V ergänzt. Doch finden sich zahlreiche Ausnahmen, indem Lesarten von A und P durch die in U und V überlieferten ersetzt sind. Allein dem Wert der einzelnen Handschriften, ihrem gegenseitigen Verhältnis wird

Bolognesen bei Vignola, September 1239, worüber man Ann. Plac. Ghib., Ann. Parm., Salimbene u. s. w. vergleiche.

[1]) In Padua; bibl. reg. nr. 28. Historia a. 1207—1270 ch. sec. 15. — bibl. Zabarelli: Monachi Patavini chr. de gestis Acelini ch. fol. «diversum ab eo quod edidit Fr. Osius», AdG. XII 669, 668.

[2]) Von dem Chr. Estense abgesehen. das wiederum die Grundlage für die hist. misc. Bononiensis ist, sind die Annalen von Paulus Minorita benutzt in den sog. Excerpta ex Jordani chr., den Dandolo ausgeschrieben hat. Auch Laurentius de Monacis (sec. 15) hat in seinem Chr. de rebus Venetis grössere Abschnitte aus den Annalen ausgezogen. Das gleiche gilt von dem Mailänder Galvaneus Flamma in seinem Manipulus Florum. Endlich haben auch der Vicentiner Godius, Benvenutus de Rambaldis von Imola, Jacobus Malvecius aus Brescia und der Placentiner Johannes de Mussis gelegentlich von den Annalen Gebrauch gemacht.

dies Verfahren nicht gerecht. Denn es sind zwei völlig verschiedene Fassungen der Annalen, die sie wiedergeben.

Die eine wird, wenn auch nur in mangelhafter Weise, durch die späten Handschriften A und P vertreten. Beide sind durch Flüchtigkeiten der Abschreiber, durch Lücken und Zusätze stark entstellt. Von einander unterscheiden sie sich in einer Anzahl von Lesarten. Dass in ihnen gleichwohl eine besondere Fassung der Annalen vorliegt, wird erst durch den Vergleich mit den andern Ueberlieferungen deutlich. In gewissen Punkten nämlich, in denen sie von jenen abweichen, stimmen sie unter sich auf das genaueste überein. Vornehmlich darin, dass sie um nicht wenige Nachrichten ärmer sind[1]). Also in einer kürzeren und in einer längeren Fassung sind die Annalen erhalten. Sodann variieren beide Fassungen vielfach in den Lesarten[2]).

---

[1]) Z. B. a. 1213, 1215, 1227, 1228, 1232, 1235, 1237, 1238, 1239, 1250, 1256. Der umgekehrte Fall einmal 1256. Es handelt sich dabei um Nachrichten ganz verschiedener Art.

[2]) Z. B. a. 1224: sed ille cum multum esset callidus A, P; multum *deest* U, V, E.

a. 1236: Paduani vero terrore perterriti A, P; nimio terrore U, V, E.

a. 1236: imperator descendit . . . cum exercitu A, P; exercitu copioso U, V, E.

a. 1239: exposuerunt se maximo periculo A, P; magno periculo U, V, E.

Relicto vicario, ita tamen, ut . . . . obediret A, P; praecipiens ei *pro* ita tamen U, V, E. (Forts. s. S. 54.)

Auch an einigen sachlichen Abweichungen fehlt es nicht[1]).

Bei den Ueberlieferungen der längeren Fassung (U, V, E) haben wir es bekanntlich nicht mit Handschriften, sondern mit Drucken nach verschollenen Handschriften zu tun; überdies ist nach Muratori bei der Venetianer Ausgabe V neben einer Paduaner Handschrift auch die Editio princeps zu Rate gezogen worden.

Was nun die Urhandschrift der längeren Fassung angeht, so wird sie durch E vielfach besser wiedergegeben als durch U und V. Denn in einer Reihe von Stellen, an denen in U und V offenbare Schreibfehler oder minderwertige

---

In Apuliam properavit A, P; protinus properavit U, V, E.

a. 1240: mortuum . . . Paulum Traversarium A, P; dominum Ravennae *add.* U, V, E.

a. 1247: Rex autem Encius (vero Ericius P) eius filius naturalis . . . A, P; ubi dum moram faceret, bellicosus Encius eius filius naturalis . . U, V, E.

a. 1249: et rex tali modo eam habuit A, P; ex *pro* rex U, V, E.

a. 1250: puerum nomine Obizum, qui patris imaginem . . . representat A, P; cui nomen erat Obizo, qui patris imaginem . . . . exhibebat U, V, E.

a. 1251: populus Placentinus elegerunt A, P; elegit U, V, E.

[1]) a. 1224: mortua Beatrice imperatrice, filia regis Aragonum, . . . imperator Isabellam . . . accepit uxorem A, P; Constantia *pro* Beatrice U, V, E.

a. 1236: Marchio eciam Estensis . . . vilissime se subiecit A, P; amicorum destitutus auxilio *pro* vilissime U, V, E.

a. 1237: obtulit . . . 34 plaustra feni A, P; 24 U, V.

a. 1246: quem nisi sceleratus dux Baiguerie suscepisset, immemor patris sui, a Federico deposito interfecti A, P; dux Ungariae U, V, rex Ungariae E; per asassinos *pro* deposito U, V, E.

Lesarten vorliegen, stimmt E mit den Handschriften der kürzeren Fassung überein[1]). Sodann weist U, die Editio princeps, ausser den mit V gemeinsamen Fehlern noch eine Anzahl weiterer auf. Sie könnte demnach auf die fehlerhafte Abschrift einer bereits fehlerhaften Handschrift zurückgehen, die ihrerseits, zusammen mit der Editio princeps, der Venetianer Ausgabe V als Grundlage gedient hat. Oder aber, auch diese Möglichkeit liegt vor, die beiden Drucke, U und V, beruhen auf derselben Handschrift, und das Plus an Fehlern in U sind Lesefehler des Herausgebers.

Da nun die kürzere Fassung, wie oben S. 43 f. gezeigt wird, die ursprüngliche ist, so ergibt sich, wenn wir die Urhandschrift der

---

[1]) Z. B. a. 1237: misit in corda (cordibus E) quorundam magnatum A, P, E; magistratuum *pro* magnatum U, V.

a. 1245: assensum prebuit incunctanter paratus E; inconstanter A, P; constanter U, V.

a. 1256: iter ... arriperet incunctanter A, P, E; in instanti U, V.

a. 1251: Reliquit filium et filias (filiam P) quos habuit de quadam puella nobili de Apulia A, P; et filias duas, quas habuit de quadam formosissima puella E; et filias quas habuit de quibusdam puellis nobilibus U, V.

a. 1258: improbissimi Teutonici A, P, E; probatissimi *pro* improbissimi U, V.

a. 1259: odium, quod corde conceperant A, P, E; cottidie *pro* corde U, V.

Cognoscentes nocturnum volatum A, P, E; notissimum *pro* nocturnum U, V.

Sublato namque de medio discordie amatore A, P, E; sublata — materia U, V.

kürzeren Fassung mit X, die der längeren mit Y bezeichnen, folgender Handschriftenstammbaum.

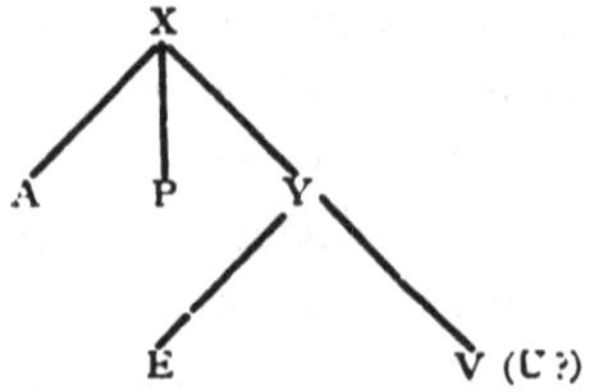

VERONA UND EZZELIN III. VON ROMANO BIS ZUM ANSCHLUSS AN FRIEDRICH II.

Gleich nach dem Beginn des dreizehnten Jahrhunderts brachen in den meisten Gemeinden des östlichen Oberitaliens heftige innere Kämpfe aus. Darüber verfiel ihre Freiheit und die Gewaltherrschaft siegreicher Parteihäupter kam auf. Verona zumal war von häufigen Wirren heimgesucht. Zwei Adelsparteien, der Graf von San Bonifacio mit seinem Anhang und die Montecchi, rangen hier um die Herrschaft[1]. Wenn der Sieg dabei meist dem Grafen zufiel, so verdankte dieser es der Freundschaft des Markgrafen von Este, dem Mantua und zu Zeiten auch Ferrara gehorchten. Dafür lieh Salinguerra, des Markgrafen Nebenbuhler in Ferrara, den Montecchi Beistand. Auch Ezzelin II. von Romano, der Vater des grossen Frevlers, der sich von Otto IV. begünstigt in Vicenza festgesetzt hatte, war mit ihnen im Bunde, wovon die Folge war, dass seine Widersacher dort sich zu dem Grafen von San Bonifacio hielten.

---

[1]) Zum ersten Mal vielleicht Pfingsten 1205. Ann. Mantuani Mon. Germ. SS. XIX 20; sicher 1206 Mai Ann. Mant. loc. cit. Ann. Ver. M. G. SS. XIX 6. Ann. Ver. vet. Arch. Ven. IX 94. Ueber die spätern Fehden vgl. Winkelmann, Jahrb. Ottos IV. a. v. O.

Nun geschah es, dass Padua, welches von inneren Unruhen verschont, seine Unabhängigkeit bewahrt hatte, den aufstrebenden Gewalthabern nachdrücklich entgegentrat. Es war zunächst, wenn anders auf die kärglich fliessende Ueberlieferung Verlass ist, der allgemeinen Parteiung ferngeblieben. Nur einmal sieht man es seine Zurückhaltung verleugnen, in dem Augenblick, wo die Este und S. Bonifacio ihrer Gegner völlig Herr zu werden sich anschickten. Verona, Mantua, Ferrara und seit Kurzem auch Vicenza waren ihnen untertan. Ezzelin rüstete sich zum letzten verzweifelten Widerstand. Da sandte Padua dem Bedrohten Hilfe. Aber die Entscheidung unterblieb. Die Nachricht von dem plötzlichen Verlust Ferraras bestimmte seine Gegner zur Umkehr [1]).

Einige Jahre später aber enthüllten sich die Gesinnungen und Absichten Paduas ganz offenbar, als der junge Markgraf von Este die Hoheit der Gemeinde über einen Teil seiner Besitzungen zu bestreiten wagte [2]). Es ist bezeichnend, dass die vermutlich älteste Paduaner Ueberlieferung darin nur Ungehorsam gegen die rechtmässige Obrigkeit erkennt [3]). Es half ihm nichts, dass

[1]) Im Jahre 1209. Gerard. Maur. Mur. R. I. S. VIII 18, Rol. lib. I cp. 10 = Chr. Pat. 1126.

[2]) Um welche es sich handelte, ersicht man aus dem Privileg Friedrichs II. für Azzo VII. Novello 1220, Muratori, Antich. Est. I 415, vgl. B—F nr. 1172.

[3]) Chr. Pat. p. 1127 a. 1213 vgl. S. 29 f.

der Papst sich seiner annahm. Die Paduaner fanden Hilfe bei Ezzelin, der ihnen bei der Belagerung der Burg Este Zuzug leistete. Sie wurde zerstört und der Markgraf musste sich unterwerfen[1]). Hierauf vermittelte Padua einen Landfrieden auf zehn Jahre und zog die Entscheidung eines Erbschaftsstreites im markgräflichen Hause an sich. Sodann erwirkte es die Herstellung der damals verbannten Montecchi in Verona. Aber auch sein Alliierter Ezzelin musste wohl oder übel den vertriebenen Gegnern die Heimkehr nach Vicenza gestatten[2]). Unverkennbar ging das Bemühen Paduas dahin, die einseitige Parteiherrschaft in den benachbarten Gemeinden zu brechen[3]).

Allein auf die Dauer war hier nicht zu helfen; sodann entsprang aus diesen Bestrebungen der Gegensatz Paduas zu den Romano. Als seine

---

[1]) Innocenz III. 1213 Oct. 2 Ep. XVI 117. Ger. Maur. 19; Rol. lib. I cap. 12, Ann. S. Just. 150 = Chr. Pat. loc. cit.

[2]) Landfrieden zwischen Padua, Vicenza und Verona 1213 Dezember, Verci, Storia degli Ecelini (Bassano 1779) III 155 nr. 82; was Ferrara betrifft, so war zwischen dem Este und Salinguerra schon im April Friede geschlossen, Chr. Est. Mur. R. I. S. XV 302. Herstellung der Montecchi Ann. Veron., Ann. S. Just = Chr. Pat. Erbschaftsstreit zwischen Aldrevandin und Bonifaz von Este, Ger. Maur.; Chr. Pat. loc. cit., B—F 464, 465. Ersuchen der Paduaner an Ezzelin der Gegner wegen: Ger. Maur.

[3]) Diese reactionäre Tendenz in dem Verhalten Paduas ist bisher übersehen worden. Für die Auffassung Winkelmanns, Jahrb. Ottos IV. 412, wonach Padua infolge des Zwistes mit dem Markgrafen sich der kaiserlichen Partei zugewendet hätte, «zu der Treviso, Vicenza und Ezzelin von Romano zählten», geben die Quellen keinen Beleg an die Hand.

Gegner zurückkehrten, verlor Ezzelin den Alleinbesitz der Gewalt über Vicenza, den er einige Jahre hindurch behauptet hatte[1]). Fortan übte Padua eine Art schiedsrichterlicher Stellung hier aus. Es verglich die Entzweiungen der Parteien und nötigte sie zur Verträglichkeit[2]).

Unter diesen Eindrücken begann die politische Tätigkeit des jungen Ezzelin. Geboren kurz vor dem Anbruch des Jahrhunderts, sah er als Knabe und im eignen Hause den Aufschwung feudaler Geschlechter zur Stadtherrschaft vor sich gehen. Noch war er nicht ganz zwanzig Jahre alt, als er mit dem Vater für Padua zur Demütigung des Markgrafen auszog[3]). Gleich darauf führte die Einmischung dieser Stadt zum Fall des väterlichen Regiments in Vicenza. Dann trat er dort selber an die Spitze der Anhänger seines Hauses. In einer jener örtlichen Zwistigkeiten trug er den ersten von seinem Lobredner Gerardus Maurisius gefeierten Sieg davon. Allein

---

[1]) Ger. Maur. 22 ff. Er wird als Podestà zuerst erwähnt 1210 Juli 1 und war es noch im Herbst 1213, vgl. Lampertico loc. cit. II 362.

[2]) Ger. Maur. 24—27; Verci, Ecelini III 168—181.

[3]) Vgl. p. 61 n. 1. Rolandin gibt an, dass Ezzelin «licet puer iam subtilizabat in tantum, quod puerili more cum aliis pueris iam construebat machinas, quasi ad lapides iaciendos in rocam etc.»; offenbar vergass er dabei, dass Ezzelin über das rechte Alter für diese harmlose Beschäftigung bereits hinaus war. An der Mitwirkung Ezzelins zu zweifeln (Gitterman, Ezzelin 103), liegt kein Grund vor, da auch das Chron. Pat. sie berichtet.

an der vollen Ausbeute hemmte ihn das Einschreiten Paduas. Vor der Hand war er nicht stark genug, die Vormundschaft der mächtigen Nachbarin abzuschütteln [1]).

Inzwischen hatte in Verona der Graf von S. Bonifacio wiederum die Oberhand erlangt. Doch herrschte in diesen Gebieten leidliche Ruhe, da der junge Markgraf eines frühen Todes sterbend sein Erbe einem unmündigen Bruder hinterliess. Zu Beginn der zwanziger Jahre aber, als Azzo von Este herangewachsen war, verband er sich mit San Bonifacio, um Salinguerra, dem alten Widersacher seines Hauses, Ferrara zu entreissen. Wiederholte Versuche schlugen fehl [2]). Dagegen schien es damals, als solle die alte Zwietracht zwischen den S. Bonifacio und Romano begraben werden. Zur selben Zeit reichte Ezzelin einer Schwester des Grafen und dieser einer Schwester Ezzelins die Hand. Sein Vater zog sich von der Welt zurück und teilte sein Erbe unter die Söhne [3]). Nur war es eine schlechte Bürgschaft für die Dauer des Friedens, wenn die Montecchi, wie es heisst, unwandelbarer Zuneigung versichert und angewiesen wurden, auch fernerhin gegen Jedermann auf den Beistand der

[1]) Ger. Mauris. 25 ff.

[2]) In den Jahren 1221 u. 1222. Wegen der Quellen und der Chronologie vgl. oben S. 42 n. 2; S. 43 n. 1.

[3]) Vgl. die Darstellungen Gittermans und Winkelmanns, Jahrb. Friedr. II. I.

Romano zu zählen. Es scheint auch, dass ein aufrichtiges Einvernehmen unter den Schwägern sich nicht herstellte.

Da erhob sich in den letzten Tagen des Jahres 1225 in Verona ein Aufstand, worin die Partei des Grafen unterlag. Die Montecchi hatten Succurs erhalten von den Vierundzwanzig, einer Partei, deren Name bei diesem Anlass auftaucht. Die jetzt herrschende Auffassung erblickt in ihnen eine Vereinigung der Popolanen, wie sie auch anderswo vorkommt zu dem Zwecke, Anteil an der Stadtregierung zu erzwingen.

Allein in der echten Ueberlieferung findet diese Ansicht keine Stütze[1]). Eine Veroneser Quelle berichtet zu dem betreffenden Jahre nichts weiter, als dass die Vierundzwanzig sich mit den Montecchi gegen den Grafen und seinen Anhang verschworen. Ueber den Ursprung der neuen Partei bewahrt sie Schweigen. Dagegen vermerkten verlorene Paduaner Aufzeichnungen, von denen in den Annalen von S. Justina und in dem sog. Chronicon Patavinum ein Auszug übrig ist, dass viele mächtige und vornehme Veroneser von der Partei des Grafen, durch Bestechung gewonnen, sich den Montecchi zuwandten und den Grafen plötzlich aus der Stadt verjagten[2]). Danach kann es keinem Zweifel

---

[1]) Vgl. Beilage I.

[2]) Pier Zagata p. 25 a. 1225 (eine italienische Version der Veroneser Annalen aus dem 15. Jahrh.; die Estenser Hand-

unterliegen, dass die mit den Montecchi verschworenen Vierundzwanzig jene vornehmen Veroneser von der Partei des Grafen waren, die mit ihren ehemaligen Gegnern gemeinsame Sache machten. Und es ist eine willkommene Bestätigung, wenn in der jüngern Bearbeitung der Annalen von S. Justina in der Ueberschrift des betreffenden Abschnitts noch ganz ausdrücklich von den „Verrätern" die Rede ist, „welche die Vierundzwanzig hiessen". Also nicht um eine populare Bewegung handelte es sich, sondern um eine Spaltung innerhalb einer der bestehenden Adelsparteien, die zur Begründung einer dritten adligen Faction führte. Nun ist diese Tatsache fast wichtiger für die Beurteilung der Folgezeit als des Aufstandes an sich. Denn wesentlich auf dem ferneren Zusammenwirken der Montecchi mit den Vierundzwanzig beruhte es, dass trotz aller Zwischenfälle der Graf die verlorene Macht nicht zurückerwarb, sowie dass Ezzelin zur Gewalt gelangen und die errungene behaupten konnte.

schrift, auf welche unsre Ausgaben des lateinischen Annalentextes zurückgehen, ist an dieser Stelle lückenhaft). In quell' anno Lion dalle Carcere e tutti i Monticoli e Quattrovinti de Verona si zurò insieme per una parte d'esser contra Rizzardo Conte di Sanbonifazio e della sua parte.

Ann. S. Just. 152. Anno Domini 1225 multi viri nobiles et potentes ex parte Comitis Sancti Bonifacii, corrupti pecunia Salinguerre, Monticulis adherentes, virum clarissimum, comitem scilicet Rizardum cum sua parte de Verona subito expulerunt.

Chr. Pat. 1130. a. 1225. Et multi Viri nobiles et potentes de Verona de parte Comitis, corrupti pecunia Salinguerrae *et Ezzelini* Monteclis adhaerentes, Comitem Rizardum cum parte sua de Verona subito expulerunt.

Der popularen Basis aber, die man ihr bisher zugeschrieben hat[1]), entbehrte diese Gewalt. Erlaubt in dieser Hinsicht die Ueberlieferung ein ganz unbedingtes Urteil, so erscheint sie in andrer Richtung ebenso trümmerhaft wie widerspruchsvoll. Die Ursache, und im einzelnen der Verlauf der Umwälzung, und vollends der Anteil, den Ezzelin daran hatte, dies wird wohl in ewigem Dunkel bleiben. So ist in dem Chronicon Patavinum, das wohl auch hier jene verlorenen Aufzeichnungen wiedergibt[2]), Ezzelin neben Salinguerra der Bestechung der Vierundzwanzig angeschuldigt. Allein sein Parteigänger Gerardus Maurisius versichert, er habe zunächst mit der Erhebung nichts zu schaffen gehabt[3]). Von dem Abfall in der Partei des Grafen, von dem Auftreten der Vierundzwanzig gibt er allerdings keine Andeutung. Der Hergang ist nach ihm, dass Ezzelin bei dem Ausbruch des Aufstands der Montecchi sich in Verona befand und, obgleich von seinem Schwager gekränkt, nicht teilnahm, dass erst ein Anschlag des Grafen auf sein Leben ihn bewog, sich dessen Gegnern anzuschliessen[4]). Auch das Schicksal des Grafen

---

[1]) Vgl. Schürmann, Politik Ezzelins 6, Gitterman, Einleitung u. a. a. O.

[2]) Vgl. S. 64 n. 2. Die Annalen von S. Justina nennen zwar bloss Salinguerra; vermutlich aber enthält das Chr. Patav., wie sonst, so auch hier den genaueren Auszug aus der gemeinsamen Quelle.

[3]) Ger. Maur. 27 A—D.

[4]) Auf die phantastische Darstellung Rolandins lib. 2 cp. 8 gehe ich nicht weiter ein. Er scheint, von seiner Erinnerung

muss als unsicher gelten. Nach der Paduaner Geschichtschreibung ist er plötzlich vertrieben worden. Laut Maurisius wird er nach längerer Gefangenschaft nicht etwa verjagt, sondern er entkommt. Hienach wird eine weitere Analyse der Ueberlieferung kaum vonnöten sein[1]).

Jedenfalls wurde Ezzelin von den siegreichen Factionen nicht sogleich mit dem obersten Stadtamt, dem Podestat, bekleidet, sondern erst nach einiger Zeit (Juni 1226), und, wie es scheint, nach der gewaltsamen Entfernung seines Vorgängers[2]). Er benutzte es, den Paduanern zum Trotze nun auch in Vicenza sich in den Besitz der Gewalt zu bringen. Nach wie vor hatten sie dort die sich befehdenden Parteien durch ihr Einschreiten im Zaume gehalten. Es war dahin gekommen,

getäuscht, zwei ganz verschiedene Ereignisse in eines zusammen geworfen zu haben. Insofern mag der betreffenden Erörterung Gittermans 107, 128 ein richtiger Gedanke zu Grunde liegen. Dass Rolandin «wahrscheinlich den Maurisius zum Jahre 1236 abgeschrieben habe», daran ist nicht zu denken.

[1]) Wegen des capitaneus Veronae vgl. Beilage I. Um noch eine Schwierigkeit zu erwähnen, in dem Syll. Pot. Ver. a. h. a. 390 kommt ein sonst nirgends genannter Podestà Aldrigetus Mercellinus von Mailand vor, von dem es heisst, er sei vertrieben worden.

Eine besondere Auseinandersetzung mit den früheren Darstellungen scheint nicht erforderlich. Die Schilderung des Hergangs, so sehr sie im einzelnen von einander abweichen, ist bei ihnen allen gleich anfechtbar, aus dem einfachen Grunde, weil sie bei dem Zustand der Ueberlieferung ein unmögliches Unternehmen ist. Wo dieser im übrigen wie bei der Frage nach der Herkunft der Vierundzwanzig eine bestimmte Entscheidung zulässt, glaube ich meine abweichende Ansicht hinreichend begründet zu haben.

[2]) Die Nachricht des Maurisius von seiner Verjagung wird zwar nicht urkundlich, wie Gitterman 110 angibt, dagegen vom Syllabus loc. cit. 390 bestätigt.

dass sie Besatzungen in die Türme der Romano und ihrer Anhänger legten. Nun einigte sich Ezzelin mit seinem Bruder Alberich über eine Erhebung. Unter dem Beistand der Veroneser Freunde ging sie glücklich von Statten. Als die Paduaner anrückten, dem Podestà von Vicenza zu Hilfe, wurden sie geschlagen. Der Podestà wurde abgesetzt und Alberich sein Nachfolger[1]). Dergestalt hatte sich in Kürze die Lage der Romano völlig verändert. An der Spitze verbündeter Parteien geboten sie über Verona und Vicenza.

Aus unbekannten Gründen sah nun Padua davon ab, die Scharte auszuwetzen und gab den früheren Einfluss preis. Vielleicht, weil die Romano ihre zahlreichen Gefangenen freiliessen. Nur an dem Podestà entlud sich der Missmut der Paduaner. Indem man seinem bösen Willen die Niederlage zuschrieb, geschah es, dass er tätlich beschimpft und aus dem Amte gestossen wurde.

Ungleich mehr kam auf die Haltung der unlängst erneuerten Liga an. Sie war hergestellt

---

[1]) Ger. Maur. 27, Ann. Ver. vet. Arch. Ven. IX, 91; Chr. Pat. 126 — Muratori R. I. S. VIII 371. Die Annales Veteres setzen den Vorfall noch ins Jahr 1226 (Ann. Ver. 7 — Zagata 26 sicher irrig zu 1229), aber der Paduaner Podestà, der daraufhin abgedankt wurde, kommt mit diesem Titel noch in einer Urkunde vom 11. Februar 1227 vor, Sarayna, Historie p. 48. Als Podestà wird Alberich zuerst am 28. Juni 1227 erwähnt. Verci, Ecelini III 214. Demnach werden die Unruhen in Vicenza in die Zeit zwischen dem 11. Februar und dem 28. Juni 1227 fallen.

zum Schutz der städtischen Selbständigkeit, der von den Umtrieben der Parteihäupter kaum weniger Gefahr drohte als vom Kaiser. Besonders in Verona musste es der Liga naheliegen einzugreifen, aus Erwägungen, die auf der andern Seite freilich ein behutsames Verfahren ratsam machten. Denn Verona beherrschte den Zugang von Deutschland her und der Kaiser bedurfte deutscher Truppen, wenn er gegen die Liga feindlich vorgehen wollte. Soeben hatte sich das wieder gezeigt: nur waren dem auf Trient anrückenden Heinrich die Klausen zeitig genug versperrt worden. Wenn also auch das lighistische Mantua, wo der Graf von S. Bonifacio Zuflucht gefunden hatte, sich nachdrücklich seines Schützlings annahm, so hatte die Liga gleichwohl guten Grund, sich die siegreichen Montecchi und Vierundzwanzig nicht zu verfeinden, zumal sie sich ihr von vornherein bereitwillig angeschlossen hatten[1]). Mit Rücksichten dieser Art wird es zusammenhängen,

[1]) Chr. Pat. 1130 — Ann. S. Just. 152. Beitritt Veronas zur Liga 1226 April 11, vgl. Winkelmann, Jahrb. Friedr. II. I 270 ff. Seine Angabe, dass den Romano damals der Zutritt zur Liga freigestellt worden sei (Geschichte Friedrichs II. I 388 und Jahrb. Friedrichs II. I 259 n. 4), ist von Schürmann 7 und Gitterman 118 mit Recht zurückgewiesen worden. Uebrigens irren auch sie in der Annahme, dass es sich an der betreffenden Stelle des Maurisius 29 um die Zulassung zur Liga handle. Vielmehr ist, wie unten gezeigt werden wird, die in den Sonderbund gemeint. Für die Behauptung Gittermans 13, dass die Liga von Padua zum Einschreiten «aufgehetzt» worden sei, enthalten die Quellen kein Zeugnis.

dass sie den Weg der Vermittlung wählte. Wir haben noch Aktenstücke von den Verhandlungen, die sich durch mehrere Monate hinzogen. Endlich versöhnten sich die verfeindeten Parteien bei Nogara (Juni 1227). Ezzelin legte den Podestat nieder, auf Bitten der Rectoren der Liga und seiner Veroneser Freunde, wie Maurisius sagt. Ein Mailänder folgte ihm[1]). Vielleicht deshalb liess ihm die Liga den Gewaltstreich in Vicenza ruhig hingehen, was ihr freilich von den dortigen Gegnern der Romano nicht wenig verdacht wurde[2]). In Verona sollte mit den alten Parteien aufgeräumt werden; für alle Zukunft wurden sie verboten, desgleichen die Abmachungen mit auswärtigen Verbündeten. Es wurde festgesetzt, dass jeder Veroneser unter seinem Eide hierauf zu verpflichten sei. Dem Eidbrüchigen drohte je nach dem Stande eine gewisse Busse, dem Zahlungsunfähigen die Ausweisung[3]).

---

[1]) Die Akten: Sarayna loc. cit. p. 47b—50; Zagata 25, Ger. Maur. 28. Der Nachfolger Ezzelins ist Manfred von Cortenuova, zuerst nachweisbar 1227 Sept. 5, Syllabus 390, aber noch nicht im Mai, wie der Herausgeber meint, denn das angezogene Datum des Liber Juris Civilis geht auf den Mai 1228. Im Widerspruch mit den Veroneser Quellen und daher wohl irrtümlich nennt Maurisius einen Bonifaz von Realdesco als Podestà.

[2]) Ger. Maur. 45 BC. Doch ist aus der angeführten Stelle nicht zu ersehen, ob es darüber zu Verhandlungen mit der Liga gekommen ist.

[3]) Liber Juris civilis urbis Veronae ed. B Campagnola, Verona 1728 p. 190 cp. 259: De conspirationibus et rassis destruendis. Wann diese Bestimmung getroffen wurde, ist nicht genau bekannt. Sie kann nicht vor dem Frieden von Nogara

Es waren Anordnungen ohne Lebenskraft. Zwar ist von Irrungen unter den alten adligen Parteien eine Zeit lang keine Rede; ihr Name verschwindet vorerst, wenigstens aus der Ueberlieferung. Aber eine neue taucht nun auf, unter der Leitung eines Rectors, wie der offizielle Titel lautet, Julian mit Namen [1]). Man hat in ihr die Faction der Vierundzwanzig wiedererkennen wollen, ohne jeden Anhalt in den Quellen. Auch das muss dahin gestellt bleiben, ob sie etwa dieses Mal aus den Kreisen der Popolanen hervorging [2]). Gut bezeugt ist nur, dass der neue Podestà völlig unter ihren Einfluss geriet. Nach Julians Dafürhalten, heisst es, wurde fast alles entschieden [3]). Auch nach aussen hin trat er selbständig auf; er verbündete sich mit Padua gegen die Romano.

erlassen sein, da die Aufhebung der Parteien, darunter auch der Vierundzwanzig, verfügt wird. Andrerseits ist sie älter als die Zusätze (p. 195—208), die bei der Codification der Statuten 1227 auf 1228 entstanden sind. Ueber die Verbannung des zahlungsunfähigen Schuldners vgl. Ficker, Ital. Forsch. I 98 ff. § 46 n. 9.

[1]) Lib. iur. civ. cp. 280—282. Ger. Maur. 29 A, 31 C. Die Partei wird schlechthin communantia genannt. Maurisius sagt von ihr, sie sei noviter facta in civitate. Damit stimmt, dass erst die 1227 auf 1228 hinzugefügten Statuten des Liber iuris sich mit ihr beschäftigen.

[2]) Dafür sind Schürmann 5, 9, Gitterman 14, vgl. Beilage I.

[3]) Maurisius 29 A: der Podestà regiere die Stadt auxilio et consilio Zuliani .... Cuius tunc maximus vigor fuerat et omnia fere suo disponebantur arbitrio. Auch nach den im Mai 1228 abgeschlossenen Statuten war der Podestà verpflichtet »adimplere atque attendere totum illud, quod statutum et ordinatum est per dominum Zulianum Rectorem Communantiae et illos de ipsa Communantia etc.

Mittlerweile nämlich, seitdem er den Veroneser Podestat abgegeben, hatte Ezzelin wiederholt mit Padua in Fehde gelegen; auch Treviso war darin verstrickt; freilich war er im Nachteil geblieben. Die Paduaner meinten, seine Anmassung sei ein klein wenig gedemütigt worden[1]). Es fällt doch auf, dass bei diesen unerheblichen Streitigkeiten der Doge und die Liga sich ins Mittel legten: Ezzelin fing an, die allgemeine Aufmerksamkeit auf sich zu ziehen. Als nun endlich nach fast dritthalb Jahren Alberich in Vicenza abdankte und die Widersacher der Romano sich gegen seinen Nachfolger auflehnten, nahmen die Paduaner die Gelegenheit wahr, ihren verlorenen Einfluss wiederherzustellen. Hiebei unterstützte sie Julian. Ein Paduaner und Veroneser Aufgebot erschien in Vicenza. Man verabschiedete jenen missliebigen Podestà, worauf eine Neuwahl[2]) erfolgte. Aus der Machtstellung, die es inne gehabt, erschien das Haus Romano nun wieder völlig verdrängt.

Da verschob ein plötzlicher Umschlag die augenblickliche Lage abermals. Auf irgend eine unbekannte Weise verschwand Julian sammt seiner Partei aus der Geschichte, unversehens,

[1]) Ger. Mauris. 28 D, Rol. lib. II cp. 9—18. Ann. S. Just. 153: Paduani .... aliquantulum humiliaverunt superbiam Ecelini.

[2]) Ger. Maur. 28 C 31 BC. Nach Maurisius war Alberich 29 Monate, nach Antonius Godius (Mur. R. I. S. VIII 78 C) 28 Monate Podestà. Er wird zuletzt mit diesem Titel erwähnt 1229 März 13, sein von den Paduanern und Julian eingesetzter Nachfolger zuerst am 14. Dezember 1229; Lampertico loc. cit. II 364.

wie er zur Macht gelangt war, und der Streit der Adelsparteien lebte nach mehrjährigem Stillstand wieder auf[1]). Ein Handgemenge auf dem Campo Marzo am Ostersonntag 1230 war ein Vorspiel hievon. Die entscheidende Wendung folgte am dritten Juli. Mit einem Teile seiner Anhänger geriet der Graf von S. Bonifacio in Gefangenschaft. Die übrigen entkamen. Wiederum unterstand Verona den verbündeten Montecchi und Vierundzwanzig[2]). Diesmal gerieten weite

[1]) Die Ueberlieferung über die zunächst folgenden Ereignisse ist überaus dürftig und ungenau. Bei Zagata 26 findet sich zum 25. Juli 1229 die Nachricht, der Graf von S. Bonifacio mit seinen Anhängern habe dem Podestà Rainer Zeno Gehorsam geschworen. In einem nicht mehr erkennbaren Zusammenhang damit scheint die Angabe des Maurisius 29 A zu stehen, dass Zeno während der ganzen Zeit seiner Amtsführung die Burg S. Bonifacio »in sua virtute et potestate« hielt. Bei Gitterman 19 eine eigenmächtige Combination dieser Nachrichten.

[2]) Ann. Ver. 7; Ann. Ver. vet. 91; Syllabus 390, Ger. Maur. 29; Rol. lib. III cp. 1; Ann. S. Just. 153; Ann. Mant. M. G. XIX 21. Nach dem Kampfe am Ostersonntag 1230 hatte der Podestà Rainer Zeno, der spätere Doge, die Parteihäupter nach Venedig verbannt (confinavit ad standum Venetias; über die Eingrenzung vgl. Ficker, Ital. Forsch. I § 66). Indem sie zurückkehrten, brach der Streit wieder aus (Ann. Ver.). Nach Maurisius, weil ein gewisser Constantin einen Anhänger der Montecchi verwundete. Er gibt an, unter dem Nachfolger Zenos, dem Venetianer Matteo Giustiniani, sei dies geschehen. Nach Rolandin war der Anlass, dass Matteo »pro securitate Verone« das Verfahren seines Vorgängers nachahmen wollte; allein in dem Aufruhr sei er vertrieben worden. Dass Matteo verjagt wurde, bestätigt auch der Syllabus und führt den sonderbaren Grund an, quia stultus et insanus. In den urkundlichen Angaben endlich über die Folge der Podestà, welche Gitterman 148 mitteilt, muss ein Irrtum vorliegen. Danach wäre Zeno bis zum 24. Juni 1230, Salinguerra aber schon am folgenden Tage mit dem Titel eines Podestà nachweisbar, fast anderthalb Wochen vor dem entscheidenden Kampfe! Vollends,

Kreise in Erregung. Nicht blos Mantua, auch Padua, Vicenza, Azzo von Este ergriffen Partei für den Grafen. Aber auch seine Gegner fanden Hilfe. Sofort eilte Ezzelin nach Verona. Salinguerra übernahm den Podestat, Graf Albert von Tirol gesellte sich ihnen zu. Es mag sein, dass zunächst von einer Paduaner Gesandtschaft der vergebliche Versuch gemacht worden ist, die Auslösung des Grafen zu erwirken[1]). Sicher ist, dass im September, von den flüchtigen Veronesern, den Vicentinern und dem Markgrafen unterstützt, die Paduaner ins Veronesergebiet einbrachen und eine Anzahl fester Plätze eroberten; von Süden her drangen brandschatzend die Mantuaner vor. Nur auf eine Belagerung Veronas, wohin die Gegner sich zurückzogen, liess man sich nicht ein[2]). Nach Rolandin wäre der Weg der Unterhandlung erst jetzt beschritten worden. Er verlegt hieher die erfolglose Sendung des Franziskaners Antonius, des berühmten Heiligen, zu Ezzelin nach Verona[3]). Jedenfalls verstrich

---

wann wäre Giustiniani im Amte gewesen? Die Darstellung dieser Dinge bei Schürmann 10 und Gitterman 19 ist willkürlich und fehlerhaft.

[1]) Ann. S. Just. loc. cit., abweichend Rolandin.

[2]) Nach den Ann. Ver. begann die Belagerung von Porto Legnago am 9. September, und die Einnahme erfolgte »die 11 post«, wenn nicht »die IV post« zu lesen ist, da sie nach den Ann. Ver. vet. die Veneris XIII intrante Septembre stattfand.

[3]) Rol. lib. III cp. 5. Sehr bald hat sich dann die Legende des Vorfalls bemächtigt. Die letzten Biographieen des Heiligen. Salvagnini, S. Antonio di Padova 1887, und Lempp in Briegers Zeitschrift für Kirchengeschichte B. XI ff. bieten für die po-

bis zur Auslieferuug des Grafen noch geraume Zeit. Erst im nächsten Jahre ist sie herbeigeführt worden, teils durch einen neuen Einfall, den Padua und Mantua ins Werk richteten, teils durch die vermittelnde Tätigkeit der Liga; ihr wurden denn auch die Gefangenen vorerst in Gewahrsam gegeben. Im übrigen schwebt auch über diesen Vorgängen ein undurchdringliches Dunkel, und es ist ganz vergeblich, aus den unbestimmten und nichts weniger als übereinstimmenden Aussagen der Quellen, den entscheidenden Grund und den genauen Zeitpunkt der Auslieferung erschliessen zu wollen[1]. Sicher ist, dass die Liga Anstalten traf, um einer Wiederkehr der Unruhen in Verona vorzubeugen. Ihre Absicht war, einen Sonderbund von sechs Gemeinden ins Leben zu rufen, vornehmlich zu dem Zwecke, den Frieden in Verona zu erhalten. Als Mitglieder standen neben Verona die Städte Brescia, Mantua und Ferrara, Padua und Vicenza auf dem Plan[2].

---

litischen Verhältnisse, die uns hier beschäftigen, nichts neues. Scrinzi, Antonio di Padova 1888 war mir nicht erreichbar.

[1]) Die neuere Litteratur geht hier von unbeweisbaren Annahmen und Voraussetzungen aus, vgl. Beilage II.

[2]) Dass es sich hier um eine besondere, von der Liga wohl zu unterscheidende Vereinigung handelt, ist fast durchweg verkannt worden. So von Schirrmacher, Geschichte Friedr. II. II 271, 280, Winkelmann, Kaiser Friedrich II. I 391, Schürmann 12 ff., Gitterman 22 ff. Daher die irrigen Urteile über die Bedeutung dieses Vorgangs und seine Folgen. Im wesentlichen zutreffend, ohne seine Wichtigkeit zu ermessen: Verci, Ecclini II 53; vgl. Beilage II.

Allerdings legten einzelne der Beteiligten Verwahrungen ein. Aber das hinderte nicht, dass im wesentlichen auf einer Tagfahrt der Bevollmächtigten in Mantua der Bund der sechs Städte beschlossen ward. Er bedeutete zunächst eine Stärkung des Ansehens der Liga, der in den letzten Jahren im östlichen Oberitalien wiederholt die Obedienz verweigert worden war. Zugleich aber bahnte er den Abfall der Montecchi und Vierundzwanzig und Ezzelins von Romano an.

Ihre Beweggründe werden von Maurisius in einem eigenen Capitel seiner Schrift dramatisch ausgesponnen. Doch ist es ganz deutlich, dass wir hier keine reine Geschichte, sondern die Erzählung eines ausgesprochenen Parteimannes vor uns haben, die namentlich dadurch Bedenken erregt, dass sie den Parteiwechsel Ezzelins und seiner Veroneser Verbündeten als die unvermeidliche Folge eines angeblich schnöden Vertragsbruches der Liga hinstellt [1]). Am Ende hing die Entscheidung nicht bloss daran, ob die Liga gewisse Zusagen unerfüllt liess. Denn schon

[1]) Den gefärbten Bericht des Maurisius 29—31 zu wiederholen, hat keinen Zweck: es genügt, auf die Tendenz zu verweisen. Seine Unglaubwürdigkeit hat Schürmann 20 ff. darzutun versucht, während Gitterman 20 ff., 116 ff. seine Zuverlässigkeit befürwortet. Da aber alle übrigen Quellen schweigen, so lässt sich in der entscheidenden Frage weder das eine noch das andre ermitteln. Da überdies Maurisius in seinem Bericht sich abwechselnd auf die Liga oder auf den Sonderbund bezieht, während die Neueren diese Unterscheidung ausser Acht lassen, so ist ihre Argumentation völlig unhaltbar.

der Abschluss des Sechs-Städte-Bundes, womit sie jeder nochmaligen Usurpation der Gewalt von Seiten der Montecchi und Vierundzwanzig von vornherein Widerstand ansagte, musste diese über kurz oder lang in die Arme Friedrichs II. treiben. Wenn es aber dazu kam, so konnte Ezzelin über seinen Entschluss nicht zweifelhaft sein, da er, mit jenen Veronesern emporgekommen und unterdrückt, ganz dieselben Bestrebungen und Gegner hatte.

Mitte April 1232 ging Verona durch einen Handstreich Ezzelins der Liga verloren. Ein Bote des Kaisers, der in Ostilia weilte, wurde noch den selben Tag in die Stadt geholt. Schon war man also mit Friedrich im Verständnis[1]). Sein Wiedererscheinen in Oberitalien nach mehr als fünfjähriger Abwesenheit und das gespannte Verhältnis zur Liga, in das er hiedurch geriet, beschleunigten offenbar diesen Ausgang.

[1]) Ann. Ver. 8, 14. Aprilis; Zagata 28, adi 13 de Aprile. Nach den Ann. Ver. vet. 91 gingen die Veroneser am 23. April den Bund mit dem Kaiser ein. Wenn Gitterman 27. 122 schon in Ravenna die Verständigung Ezzelins mit dem Kaiser eintreten lässt, so geht das aus Ann. Plac. Ghib. 470 nicht hervor. Auch darf der Abschluss des Vertrags nicht auf den 29. März datiert werden. Ann. S. Just. 154 — Chron. Pat. 1131 sagen nur, er sei erfolgt während des kaiserlichen Aufenthalts in Friaul. Friedrich aber verweilte dort bis in den Mai. Dass gleichwohl schon vor der Einnahme Veronas Abmachungen mit ihm stattgefunden haben müssen, ist zuerst von B—F nr. 1958a bemerkt worden.

Beilage I.

Die Quatuorviginti, der Capitaneus Veronae und der Popolo von Verona.

(Vgl. Seite 64 n. 1, 67 n. 1, 71 n. 2.)

Die bisher herrschende Ansicht, wonach die Vierundzwanzig mit den Popolanen identisch wären, beruht auf einen doppelten Irrtum. Erstens ist das ganz unzweideutige Zeugnis der Paduaner Ueberlieferung für die adlige Herkunft der Vierundzwanzig missverstanden worden. Zweitens hat man fälschlich aus Veroneser Quellen entnehmen zu können geglaubt, es sei während des Aufstands auf Seiten der verschworenen Montecchi und Vierundzwanzig ein Capitaneus populi aufgestellt worden. Da der vermeintliche Volkscapitan und die Vierundzwanzig gleichzeitig auftreten, die Montecchi aber von Adel waren, so lag der Schluss nahe, in den Vierundzwanzig die Popolanen zu sehen. Für den Volkscapitan aber berief man sich zunächst auf die Vita Ricciardi Comitis S. Bonifacii[1]), übersah jedoch, dass sie bereits als eine späte und wertlose Compilation erwiesen war[2]).

---

[1]) Mur. R. I. S. VIII 125 D, Schürmann 5; ihm folgt Winkelmann, Jahrb. Friedr. II. I 258. Früher hatte Verci (Ecelini III Index) die Vierundzwanzig für eine Behörde gehalten. Der Index der Mon. Germ. XIX 756 bezeichnet sie ohne Grund als familia Veronensis.

[2]) von Cipolla, Arch. Ven. t. XIX.

Dann bezog man sich auf die Veroneser Annalen. Nur ist hier nicht von einem Capitaneus populi, sondern von einem Capitaneus Veronae die Rede. Freilich erklärte man diesen für den Volkscapitan, um hierauf gestützt an der Identität der Vierundzwanzig mit den Popolanen festzuhalten[1]), aber die tatsächliche Bedeutung jenes Titels ist recht zweifelhaft.

Und zwar erstens, weil er in der Veroneser Verfassungsgeschichte eine ganz singuläre Erscheinung ist. Und zweitens ist es nicht einmal sicher, ob die Stelle der Veroneser Annalen, die ihn überliefert, im authentischen Wortlaut erhalten ist. Unsere Ausgaben nämlich beruhen lediglich auf einer Estenser Handschrift, die ausser bedeutenden Lücken auch starke Textcorruptelen aufweist[2]). Nun findet sich in Zagatas italienischer Version der Annalen aus dem 15. Jahrhundert die betreffende Stelle in ab-

---

[1]) Gitterman 7. 106; an Gittermans Darstellung der Veroneser Parteiverhältnisse schliessen sich an die Mitteilungen aus der historischen Litteratur XIX 1891 p. 215 ff. u. Sutter, Joh. v. Vicenza 96 n. 2. Die betreffende Stelle der Ann. Ver. lautet: 1226 29 Decembris domnus Leo de Carceribus fuit factus Capitaneus Veronae, et una cum parte Monticulorum et Quatuorviginti de Verona cum eorum parte pugnaverunt in civitate Veronae contra Rizardum comitem Sancti Bonifacii et eius partem.

[2]) Vgl. die Uebersicht über die handschriftliche Ueberlieferung der Annalen von Cipolla, Arch. Ven. XVII 192 ff. Nach ihm ist eine in Aix befindliche von den sämmtlich erst der 2. Hälfte des 15. Jahrhunderts angehörigen Handschriften die beste. Er schildert die Herstellung des originalen Textes wegen mannigfacher Verderbnisse in allen Handschriften als unerreichbar.

weichender Fassung überliefert. Wir lesen hier, es sei ein „capitanio de Verona" aufgestellt worden, „zoè di Monticuli e Quattrovinti de Verona"[1]). Nun mag es sein, dass Zagata seine Vorlage willkürlich übersetzt hat. Immerhin tritt uns hier eine Erläuterung des Titels entgegen, die seiner wirklichen Bedeutung entsprechen könnte. Der Capitan von Verona wäre hienach der gemeinsame Capitan der beiden verschworenen Parteien gewesen. In der Tat kommt später ein solcher gemeinschaftlicher Parteicapitan urkundlich nachweisbar vor[2]); er ist zu gleicher Zeit Podestà von Verona, und auch jener Capitaneus Veronae wird abgesehen von dem einen Male, wo er diesen Titel führt, als Podestà von Verona bezeichnet[3]).

Wie es sich aber auch damit verhalten mag, jedenfalls geht aus dieser Erörterung hervor, dass man die Vierundzwanzig und den Capitan von Verona ohne Grund mit dem Aufkommen des Popolo in Verbindung gebracht hat; da man es jedoch einmal getan, so mag hier eine Zusammenstellung der wenigen Nachrichten

[1]) Zagata 25. L'anno 1226 adi 29 Xmbro Misser Lion dalle Carcere fu fatto Capitanio de Verona, zoè di Monticuli e Quattrovinti de Verona e si combattè con la parte contraria, zoè del conte Rizzardo de Sanbonifazio e havè vittoria ....

[2]) Syllabus 391; 1234 April 28, dns Ungarellus de Scalis rector et potestas Veronae et partis Quatuorviginti et Monticulorum capetaneus, vgl. Ann. Ver. 7 a. 1234 Juni 15.

[3]) Z. B. Syllabus 390.

folgen, die möglicher Weise oder sicher auf das Hervortreten des Popolo Bezug haben.

Zunächst wird 1227 auf 1228 eine communantia novita facta erwähnt, die nach wenigen Jahren wieder spurlos verschwindet[1]). Ein Zusammenhang derselben mit den alten Parteien ist nicht erkennbar, und es kann sein, dass wir es hier mit einer Vereinigung popularen Charakters zu tun haben. Der officielle Titel des Vorstehers in den Veroneser Statuten „rector communantiae" ist neutraler Art, und wenn Gerardus Maurisius ihn als Capitaneus bezeichnet, so dient hier der Ausdruck nur zur Bezeichnung des Vorstehers als solchen[2]). 1259 aber finden wir dann unmittelbar nach dem Sturz Ezzelins einen Potestas populi, den ersten Scaliger Mastino. Und zwar kommt er mit diesem Titel sowohl in dem Syllabus Pot. Ver., als auch in einer Urkunde vom 28. November dieses Jahres vor[3]). Ein Capitaneus populi wird zuerst zum Jahre 1262 in den Veroneser Annalen angeführt.

[1]) Lib. iur. civ. cp. 280—282, Ger. Maur. 29A, 31C, vgl. oben S. 71.

[2]) Wenn nach den Ann. Ver. 8 Johann von Vicenza im Jahre 1233 de voluntate populi Veronensis se elegit in ducem et potestatem Veronae et de voluntate populi Veronensis . . . . fuit electus in ducem et rectorem Veronae, so dürften hier unter «populus Veronensis» nicht die Popolanen als politische Corporation (so Gitterman 33, Sutter 110), sondern ganz allgemein das den Carroccio des Frate umstehende Volk auf der Piazza d'Erbe zu verstehen sein. Man beachte in dieser Beziehung, dass Johann urkundlich (Sutter 185 f.) «dux et rector et potestas communis Veronae» genannt wird.

[3]) Syll. 394; die Urkunde im Arch. Gonzaga citiert von Cipolla ibidem 394.

Wiederum ist es Mastino, und von hier ab pflegt man die Herrschaft seines Hauses über Verona zu datieren. Allein wahrscheinlich ist der die Jahre 1259—1277 umfassende Abschnitt der Annalen eine spätere unzuverlässige Compilation [1]). Sicher verbürgt ist die Anwendung des Titels erst durch die Adresse eines von König Richard an die Gemeinde Verona gerichteten Briefes vom 20. März 1269, den die Placentiner Annalen aufbewahrt haben [2]). Es scheint auch, dass dieser Wechsel in der Titulatur (die Ersetzung der Bezeichnung potestas populi durch capitaneus populi) kein zufälliger oder örtlich beschränkter, sondern innerhalb eines grösseren Gebietes ein allgemeiner ist. Denn auch anderswo, z. B. in Mailand, Parma, Piacenza, ist er wahrnehmbar.

Beilage II.

Zur Kritik der Nachrichten über die Vorgänge des Jahres 1231.

1. Auslieferung des Grafen. Was zunächst das Motiv derselben angeht, so wird der Einfall der Paduaner und Mantuaner als solches nur in den Ann. Veron. angeführt: et ob hanc causam dictus comes ... et multi alii fuerunt a carcere

[1]) Ann. Ver. 16; den Nachweis hoffe ich an anderm Orte führen zu können.

[2]) loc. cit. 531.

absoluti et liberati. Der Podestà von Brescia führt sie hierauf nach Brescia, dann nach Piacenza; et ob hanc causam populus Mantuae et Paduani .... redierunt. Rolandin schreibt die Auslösung der Gefangenen dem Bemühen des Paduaner Podestà zu: impetravit eciam et redemit de captivitate comitem Sancti Bonifacii[1]). Nach den Ann. S. Justinae und dem Chron. Pat. erfolgt sie „mediantibus rectoribus Lumbardiae", Chron. Pat. sagt ausserdem „et maxime Paduanis". Maurisius endlich stellt sie als das Ergebnis freier Vereinbarung zwischen Ezzelin (als Unterhändler der Veroneser) und der Liga hin, worauf diese den Grafen nach Piacenza sendet[2]). Diesen ganz verschiedenartigen Nachrichten der Quellen gegenüber kann man nicht schlechthin von einer „erzwungenen" Herausgabe der Gefangenen reden[3]). Deutlich ist nur, dass die Erneuerung der Feindseligkeiten und die Intervention der Liga einen nicht mehr genau abzuwägenden Einfluss geübt hat.

Ganz unvereinbar sind sodann die Angaben über den Zeitpunkt der Auslieferung nach den Veroneser Annalen wäre sie noch vor Beginn des Juli gefallen[4]). Wenn dieselbe Quelle

[1]) Rol. lib. III cp. 6.

[2]) Ger. Mauris. 29.

[3]) Wie Schürmann 20 und Gitterman 119 tun.

[4]) Während des Einfalls der Paduaner, die unter dem Befehl ihres Podestà Badoer stehen. Dessen Amtszeit lief aber nach dem damaligen Brauch am 29. Juni ab. Jedenfalls ist sein

weiterhin berichtet, der Graf sei am 15. und 16. Juli in Villafranca und San Bonifacio bei der Versöhnung der Parteien zugegen gewesen, so sollte man meinen, er müsse damals aus der Haft in Piacenza entlassen, endgiltig auf freien Fuss gesetzt worden sein[1]). Maurisius dagegen, der freilich keine genauen Zeitbestimmungen gibt, bringt die Herausgabe der Gefangenen an die Liga erst nach der Begründung des Sonderbunds, die nach den urkundlichen Zeugnissen Mitte Juli erfolgte. Nach Rolandin wäre der frühst mögliche Zeitpunkt für die Auslösung Anfang Juli, insofern er sie durch den erst seit diesem Termin amtierenden Podestà Wifred bewirken lässt. Die Annalen von S. Justina endlich haben als Datum den September[2]). Es ist da unmöglich, eine Entscheidung zu treffen.

2. Der Sonderbund[3]). Nach der Vollmacht, die Vicenza seinem Vertreter mitgibt, soll er dienen „specialiter ad reformationen pacis et boni status Veronae et ad specialem utilitatem,

---

Nachfolger am 10. Juli urkundlich nachweisbar, Mur. Antiq. Ital. IV 321, 322.

[1]) Schürmann 12, 21 stellt dies mit Unrecht als erwiesene Tatsache hin.

[2]) Da die Annalen sagen, der Graf sei durch Vermittlung der Rectoren der Liga »a vinculis et de inimicorum manibus« befreit worden, so ist es eine unbegründete und willkürliche Annahme Gittermans, wenn er diese Stelle auf die Freilassung des Grafen aus dem Gewahrsam der Liga bezieht. Durch diesen Irrtum fällt aber seine ganze Auffassung jener Vorgänge.

[3]) Vgl. die Urkunden Mur. Antiq. Ital. IV 321—324 und Gerard. Mauris. 29—31.

commodum et bonum statum tantummodo illius Veronae, Paduae, Mantuae, Brixiae, Vicentiae et Ferrariae solummodo". Maurisius stellt, irrtümlich Treviso hinzurechnend, der „societas Lombardorum" die „societas septem civitatum" entgegen und bezeichnet als die Aufgabe des neuen Bundes „quod pax observetur firmiter, et si qua partium aliquarum istarum septem civitatum pro alia (?) fuerit de Civitate expulsa, omnes aliae Civitates teneantur adiuvare partem expulsam in Civitate redire. Auch sollte nach Maurisius den Romano, falls sie es verlangten, Zutritt gewährt werden[1]). Zu den Mitgliedern, die nur unter Vorbehalt zum Eintritt bereit waren, gehörten Padua und Ferrara. Vicenza ermächtigt zum Abschluss am ersten Juli, Padua am zehnten dieses Monats. Am zwölften findet in Mantua eine Tagfahrt der Vertreter der sechs Städte statt. Mantua beschwört das Bündnis, ebenso unter einer Clausel

[1]) Dies ist die Stelle, die von Winkelmann, Schürmann und Gitterman irrtümlich auf die Zulassung zur Liga bezogen worden ist. Vgl. oben S. 69 n. 1. Nach Rolandin hätte es sich allerdings um eine Erneuerung der Liga gehandelt. Er erzählt, der Podestà Wifred von Lucino habe mit den Rectoren der Liga darauf hingearbeitet, «quod renovata sunt sacramenta et Lombardorum societas est firmata». Aber sein Gedächtnis hat ihn hier offenbar im Stich gelassen. Denn er selbst ist an der Vorbereitung des Sonderbunds in amtlicher Eigenschaft beteiligt gewesen. Die Vollmacht des Paduaner Vertreters ist nämlich unterfertigt: Ego magister Rolandinus notarius existens in officio sigilli .... hoc scripsi. Wir wissen aber aus Rolandins Chronik, dass er Magister war (lib. X cp. 4) und gelegentlich das Stadtsiegel in Verwahrung hatte (lib. III cp. 11), vgl. auch die Urkunden im Vorwort zur Ausgabe p. 33 n. 12.

Ferrara. Sachwalter des Grafen und seiner Partei, die Abgeordneten von Mantua und Verona (der pars intrinseca) erklären eidlich, dass alle gegenwärtigen und zukünftigen Abmachungen zwischen dem Grafen und Mantua aufgehoben und nichtig sein sollen. Am 15 Juli schwört Salinguerra als Podestà von Verona: societatem et concordiam Brixiae, Mantuae, Paduae, Vicentiae, Ferrariae ac Veronae, sicut in ipsa concordia scriptum est . . . *Rectorum mandato,* et pacem Veronae attendere, observare et firmam tenere.

FSC
www.fsc.org
MIX
Papier | Fördert
gute Waldnutzung
FSC® C083411

Kolibri 360 GmbH
Ferdinand-Jühlke-Straße 7
99095 Erfurt, Deutschland
produktsicherheit@kolibri360.de